Irmela Wiemann

Adoptiv- und Pflegekindern ein Zuhause geben

Irmela Wiemann

Adoptiv- und Pflegekindern ein Zuhause geben

Informationen und Hilfen für Familien

BALANCE ratgeber

jugend + erziehung

wird im Auftrag der Bundeskonferenz für Erziehungsberatung herausgegeben von Barbara Eckey, Karin Jacob und Uwe Britten

bke besser beraten

Irmela Wiemann.
Adoptiv- und Pflegekindern ein Zuhause geben. Informationen und Hilfen für Familien
3. Auflage 2012
ISBN-Print: 978-3-86739-050-7
ISBN-PDF: 978-3-86739-736-0

Bibliografische Information der Deutschen Nationalbibliothek
Die Deutsche Nationalbibliothek verzeichnet diese Publikation in der Deutschen Nationalbibliografie; detaillierte bibliografische Daten sind im Internet über http://dnb.d-nb.de abrufbar.

Lektorat: Uwe Britten, textprojekte, Geisfeld
Umschlagkonzeption: p.o.l: kommunikation design, Köln,
unter Verwendung eines Bildes von photocase.de
Typografiekonzept: Iga Bielejec, Nierstein
Satz: BALANCE buch + medien verlag, Bonn
Druck und Bindung: Himmer AG, Augsburg
Zum Schutz von Umwelt und Ressourcen wurde für dieses Buch FSC-zertifiziertes Papier verwendet:

FSC
www.fsc.org
MIX
Papier aus verantwortungsvollen Quellen
FSC® C095359

Zu diesem Buch 9

1 Pflege- und Adoptiveltern – nicht die einzigen Eltern des Kindes 12
Eltern und Jugendamt als Auftraggeber 14
Adoption 18
Familienpflege: unterschiedliche Zeitperspektiven für Pflegekinder 21
Verwandtenpflege 27
Sonderpflege und professionelle Pflegefamilien 30
Bereitschaftspflege 31
Paten- bzw. Assistenzfamilien 32

2 Die leiblichen Eltern von Pflege- und Adoptivkindern 34
Wie können »abgebende« Mütter und Väter ihre Situation bewältigen? 36
Standort der Herkunftseltern im System »Pflegefamilie – Kind – Herkunftsfamilie« 39
Rolle und Auftrag von »Besuchseltern« 43
Was brauchen Kinder von ihren leiblichen Eltern? 47

3 Der Schmerz, von den Eltern weggegeben worden zu sein 56
Wie können annehmende Eltern dem Schmerz des Kindes begegnen? 57
Die Bewältigung des Fortgegebenseins – ein lebenslanger Prozess 63

4 Frühe Bindungs- und Verlusterfahrungen 69
Mögliche Folgen früher Verluste auf die Beziehung zu den annehmenden Eltern 69
»Attacken« auf das Bindungssystem – ein Liebesbeweis des Kindes 72
Sich nicht wie »andere Eltern auch« verhalten 74
Neudefinition von Elternsein: mehr Eigenleben für alle Familienmitglieder 76

5 Das innere Bild von den leiblichen Eltern 78
Was ist Identität? 78
Die Identität von Pflege- und Adoptivkindern 79
Die innere Haltung der annehmenden Eltern gegenüber den Herkunftseltern 80
Hilfen für die Identitätsentwicklung 82
Wenn Mutter oder Vater unbekannt bleiben 84

6 Intensität und Qualität der sozialen Elternschaft 86
Kurzzeitpflege und zeitlich befristete Pflege 87
Dauerpflege: unterschiedliche Ausprägungen sozialer Eltern-Kindschaft 88
Soziale Eltern-Kindschaft in Adoptivfamilien und vergleichbaren Verhältnissen 90
Glückliche und weniger glückliche Eltern-Kind-Beziehungen 93

7 Die Wirkung früher Stresserfahrungen auf die Kinder 101
Seelische Verletzungen 101
Reaktionsmöglichkeiten in bedrohlichen Situationen 104

Frühe Stresserfahrungen und ihre Auswirkungen auf die Persönlichkeit 107
Sind seelisch verletzte Kinder »familienfähig«? 115

8 Hilfen für Kinder mit frühen Stresserfahrungen 118
Die innere Haltung der erwachsenen Bezugspersonen 119
Hilfen und Schutzfaktoren für das alltägliche Zusammenleben 124
Therapeutische Hilfen für seelisch verletzte Kinder 129

9 Kontakte der Kinder zu ihren leiblichen Eltern 136
Seelisch hilfreiche Faktoren der Kontakte für das Kind 138
Gestaltung von Kontakten 139
Der Besuchstag – Freude und Kummer für das Kind 143
Herkunftsfamilie und Pflegefamilie in Balance: Entlastung für die Kinder 144
Wenn Kinder Kontakte ablehnen 149
Wann sollten Kontakte ausgesetzt werden? 150
Kontakte bei offener Adoption 155

10 Pflege- und Adoptivkinder aus anderen Regionen der Erde 160
Abrupte Übergänge 160
Erste Hilfe für die seelischen Wunden 162
Wie können ältere Kinder schon im Herkunftsland vorbereitet werden? 163
Angekommen 165
Große Kraftanstrengungen für das Kind 166
Die Identität von Adoptivkindern aus fernen Ländern 167
Pflegekinder aus Einwanderer- und Flüchtlingsfamilien 171

11 Geschwisterbeziehungen in Pflege- und Adoptivfamilien 180
Geschwisterbeziehungen – Bedeutung und Entwicklung 182
Die Geschwistersituation bei Fremdplatzierung 184
Die Dynamik bei der Aufnahme von Geschwistern 187
Leibliche Geschwister in der Pflege- und in der Herkunftsfamilie 191
Leibliche und angenommene Kinder in Pflege- und Adoptivfamilien 194
Besuchskontakte zu Geschwistern in anderen Familien 199

12 Jugendzeit und Erwachsenwerden 204
Jugendzeit von Pflege- und Adoptivkindern 205
Neue Zweifel am Stellenwert der seelisch-sozialen Elternschaft ... 214
Suche und Wiederfinden der leiblichen Eltern 217

Nachwort 224

Literaturverzeichnis 225

Pflege- und Adoptivkinder haben – trotz aller Unterschiedlichkeit individueller Lebensläufe – zwei Familien: eine, in der sie leben, und eine, aus der sie stammen.

Was bewegt diese jungen Menschen? Was sind ihre spezifischen Themen? Welche inneren Haltungen und inneren Standorte, welche gesprochenen oder aufgeschriebenen Worte von den sie begleitenden Erwachsenen sind hilfreich? Was können ihnen Pflege- oder Adoptiveltern geben? Aber auch: Was brauchen diese Kinder von ihren leiblichen Eltern, wenn sie zu ihnen Kontakt haben?

Junge Menschen, die in Pflege- oder Adoptivfamilien aufwachsen, haben – neben allen anderen Herausforderungen des Lebens – die Zusatzaufgabe, zwei Familien konstruktiv in ihr Leben einzubauen. Sie sind häufig von frühen Verwundungen und Abschieden, immer zumindest durch die Trennung von der Ursprungsfamilie geprägt worden und sprechen deshalb eine andere »Seelensprache« als viele Menschen ihrer Umgebung. Dieser Ratgeber will helfen, Kinder und Jugendliche, die von ihrer leiblichen Familie getrennt aufwachsen, zu verstehen und ihnen dadurch besser zur Seite stehen zu können.

So richtet sich das Buch an Menschen, die vor der Entscheidung stehen, ob sie ein Pflege- oder Adoptivkind aufnehmen sollen, an jene, die bereits mit Pflege- oder Adoptivkindern zusammenleben, und auch an diejenigen, die ihr Kind in eine andere Familie abgeben mussten. Es richtet sich aber auch an alle, die fachlich mit Pflege- und Adoptivkindern in Berührung kommen: in Kindergärten, Tagesstätten, Schulen, ob als Therapeuten und Berater oder als Bezugspersonen in Institutionen wie

Psychiatrie oder Heimerziehung. Und natürlich richtet es sich an soziale Fachkräfte der Jugendhilfe, die Kinder in Adoptions- oder Pflegefamilien vermitteln, begleiten und betreuen und die Hilfeplanung gestalten.

Nach einem Überblick über einige strukturelle Rahmenbedingungen von Pflege und Adoption widme ich diesen Ratgeber den immer wieder aktuellen Themen: frühe seelische Verletzungen der Kinder, der Schmerz, fortgegeben worden zu sein, Identitätsentwicklung für Kinder mit zwei Familien, Kontakte zur Herkunftsfamilie, Geschwisterbeziehungen, Jugendzeit und Erwachsenwerden. An eingefügten Familienbeispielen zeige ich die inneren Haltungen und auch Konzepte auf, die Erwachsene entwickeln können, um angemessene Worte und Handlungen für die jungen Menschen zu finden.

Dieses Buch widmet sich in erster Linie der Konfliktbewältigung und enthält damit viele schwierige Lebensgeschichten von Pflege- und Adoptivkindern. Die glücklichen und konfliktarmen Entwicklungen von Pflege- und Adoptivkindern habe ich nur am Rande erwähnt. In erster Linie wollte ich auf Themen und Fragen eingehen, die mir bei Fortbildungen, Seminaren und Vorträgen oft gestellt wurden. Und das sind nun einmal die bedrängenden Themen. Selbstverständlich aber gibt es immer wieder beglückende Erfahrungen im Zusammenleben mit Pflege- oder Adoptivkindern.

Die emotionalen, frühen Muster in uns allen sind nur schwer zu verändern; der Veränderungsprozess braucht manchmal viele Jahre. Dieses Buch wird auch Schmerz und Trauer anrühren. Das Zulassen dieser Trauer und das damit verbundene neue Fühlen und Denken kann der Beginn für ein zufriedenes Zusammenleben mit Pflege- und Adoptivkindern sein.

Alle gewählten Familienbeispiele sind typisch für viele Familien. Ähnlichkeiten sind rein zufällig. Alle Beispiele wurden so verändert, dass der Schutz der persönlichen Daten gewährleistet ist, oder aber das Einverständnis zur Veröffentlichung wurde von den Betroffenen gegeben.

Mitgeholfen, kritisch gelesen und ermutigt haben mich Gerda Stößinger, Jutta Hitzler und Otto Salmen. Ihnen danke ich. Besonders herzlich bedanke ich mich bei meiner Kollegin und Freundin Eva Ris für ihre fachliche Unterstützung. Herzlichen Dank auch dem Lektor Uwe Britten und dem Balance-Verlag für die konstruktive Zusammenarbeit.

Irmela Wiemann

1 Pflege- und Adoptiveltern – nicht die einzigen Eltern des Kindes

> *»Als Adoptivkind bin ich eine Schwindlerin. Ich bin eine von jenen Trickfiguren, die ständig ihre Größe und Gestalt ändern. Manchmal bin ich ein hilfloses, wankelmütiges Geschöpf, manchmal ein allmächtiges Wesen vom anderen Stern. Ich bin nicht wirklich.«* ***(Lifton 1982, S. 12)***

Es ist beachtlich, was Adoptiv- und Pflegeeltern leisten: Sie entwickeln eine Eltern-Kind-Bindung zu einem Kind, das anderswo Eltern hat. Das ist nicht immer einfach. Annehmende Eltern haben einen Doppelauftrag: Sie übernehmen die Elternrolle für ein Kind und sie sollten zugleich das Kind bei seinem außergewöhnlichen Schicksal, nicht bei seinen leiblichen Eltern aufwachsen zu können, intensiv unterstützen und begleiten.

In früheren Jahren konnten die meisten Familien mit dieser besonderen Situation nur umgehen, indem sie die Herkunftsfamilie der Kinder ausklammerten, vielleicht den Kindern gar nichts davon sagten. Heute wissen wir, dass dieses Abtrennen der Existenz der Herkunftsfamilie den Kindern am allerwenigsten hilft. Ihr Vertrauen in ihre zweiten Eltern wird inniger, wenn diese die Herkunftseltern achten, mit dem Kind deren Grenzen betrauern, und ihnen einen emotionalen Platz im Leben des Kindes einrichten. Für die positive Entwicklung von Kindern in Adoptiv- und Pflegefamilien ist die innere Haltung der annehmenden Eltern zu den Herkunftseltern von großer Bedeutung.

BEISPIEL Die fünfjährige Leonie (von Baby an in der Pflegefamilie) trifft ihre leibliche Mama Katja besuchsweise zwei- bis dreimal im Jahr. Dazwischen malt Leonie ihrer Katja-Mama Bilder, bastelt kleine Geschenke und bittet die Pflegemama, diese der Katja-Mama zu schicken. Es vergeht kaum ein Tag, an dem Leonie nicht über ihre Katja-Mama spricht und sich beschwert, dass diese ihr Kind nicht behalten hat. Ihre Pflegemama hat ihr erklärt, dass die Katja-Mama Leonie sehr lieb hat, aber nicht genug Kraft, jeden Tag für ein Kind da zu sein. Leonie fragt dann: »Was ist denn so schwer daran, ein Kind großzuziehen? Die müsste doch nur Essen einkaufen. Alles andere geht doch von selbst.« Und dann versichert sie schnell: »Aber eigentlich will ich ja bei euch bleiben. Hier bin ich daheim!« ■

Die Herkunftsfamilie – ganz gleich, wie nah sie ist, ob es Umgang mit ihr gibt oder ob sie für immer unauffindbar bleibt – spielt im Seelenleben der Kinder und damit auch in der annehmenden Familie eine bleibende Rolle. Die Kinder tragen ihre Eltern in sich. »Wir können die Kinder aus ihren Familien nehmen, aber nicht die Familien aus den Kindern«, sagte Riet Portengen (2006) einmal.

BEISPIEL Leonie ist eines dieser Kinder, die zeigen können, dass es wehtut, von der Mama »hergegeben« worden zu sein. Leonie bezieht das ausschließlich auf ihre Mutter. Über den Papa und dass auch dieser sie hätte behalten können, darüber macht sich Leonie keine Gedanken. Hier spiegelt sich das gesellschaftliche Rollenklischee: Es erlaubt Vätern, ohne ihre Kinder zu leben. Den Müttern wird dasselbe jedoch nicht gestattet.

Vermutlich spürt Leonie bei Kontakten zur leiblichen Mutter, wie hilfebedürftig ihre Katja-Mama ist, und möchte gut für sie sorgen.

Es gibt aber noch eine andere mögliche Bedeutung für Leonies demonstrative »Verehrung« gegenüber der leiblichen Mama: Nahezu in jedem fremdplatzierten Kind gibt es die unbewusste oder offene Angst, seine neuen Bindungspersonen könnten es auch wieder hergeben. Deshalb sorgt Leonie vor: Sie signalisiert ihrer Pflegemama: *Komme mir nicht zu nah. Ich habe Angst, mich dir ganz auszuliefern.*

Leonies Pflegemama, die verunsichert und ein wenig eifersüchtig war, lernte in der Beratung, eine neue innere Haltung sowie die Perspektive des Kindes einzunehmen. Die folgenden Worte zeigen diese innere Haltung. Dies sind keine Worte, die zum Kind direkt gesprochen werden, sondern es handelt sich um eine »innere Ansprache«, eine innere Orientierung: *Du hast Angst, auch mich zu verlieren. Die Erfahrung, von der Katja-Mama verlassen worden zu sein, kann ich dir nicht abnehmen. Aber ich kann für dich da sein. Ich erlaube dir, dass du manchmal Stacheln mir gegenüber ausfährst, weil du dich vor meiner Zuneigung schützen willst. Ich will meine Zuneigung unbeirrt aufrechterhalten. Und du darfst deine Katja-Mama verehren und um sie trauern. Ich bin und bleibe deine Jeden-Tag-Mama.* ▪

Wenn es annehmenden Eltern gelingt, die Eltern der ihnen anvertrauten Kinder in ihren Krisen und ihrer Not und ihrem »Anderssein« zu achten und die Untröstlichkeit ihres Kindes anzuerkennen, dann kann das Kind sein Leben mit seinen zwei Familien bewältigen und zu einem starken, das Leben mit seinen glücklichen und schwierigen Seiten meisternden Menschen heranwachsen.

Eltern und Jugendamt als Auftraggeber

Ob ein Kind in Heimerziehung kommt oder ob die Hilfe einer Privatfamilie in Anspruch genommen wird, ob die leiblichen Eltern gar das Kind zur Adoption freigeben, all das ist das Ergebnis eines Klärungs- und Beratungsprozesses der sozialen

Fachkräfte des Jugendamtes zusammen mit den betroffenen Herkunftseltern. Und wenn die Kinder alt genug sind, werden auch sie in diesen Prozess mit einbezogen.

Genau genommen erbringen Pflege- oder Adoptiveltern eine »Leistung« für die Kinder- und Jugendhilfe und für die Eltern des Kindes. Auch die Adoption ist zunächst eine »Jugendhilfemaßnahme«. Adoption dient nicht in erster Linie dazu, kinderlosen Paaren zu einem Kind zu verhelfen, sondern will Kindern, die nicht mit ihren leiblichen Eltern leben können, im Auftrag dieser leiblichen Eltern passende neue Eltern zur Seite stellen.

Anders als bei einer Adoptivfamilie bleiben bei einem Pflegekind die leiblichen Eltern mit dem Kind gesetzlich verwandt, selbst dann, wenn ihnen einzelne oder alle Elternrechte entzogen wurden. Pflegeeltern sind einerseits Privatfamilie und erfüllen andererseits einen öffentlichen Auftrag des Jugendamtes. Die leiblichen Eltern haben einen Rechtsanspruch auf diese Hilfe.

Pflegeeltern bekommen Unterhalt für die Lebenskosten des Kindes und ein (kleines) »Erziehungsgeld« für die pädagogische Leistung. Pflegefamilien leben durch das Kind in einem veränderten Familien- und Beziehungsgeflecht. Das Jugendamt hat Beratungs- und Aufsichtspflicht. Durch die Präsenz der leiblichen Eltern gibt es oftmals zusätzliche Themen und Konflikte. Außerdem mischt sich die »Öffentlichkeit« häufig ein: Freunde, Lehrer, Nachbarn, Verwandte, Großeltern des Kindes etc. fühlen sich für ein Pflegekind »mit zuständig«.

Die Besonderheiten einer Adoptiv- oder Pflegefamilie werden in den folgenden Abbildungen der vier Dimensionen der Elternschaft aufgezeigt. Väter und Mütter und auch Pflege- und

Vier Dimensionen der Elternschaft bei Familienpflege

Adoptiveltern können damit einordnen, welche elterlichen Aufgaben sie innehaben.
In dem sehr empfehlenswerten Buch *Wo gehöre ich hin?* von T. Ryan und R. Walker werden nach Vera Fahlberg drei Bereiche der Elternschaft aufgezeigt: die leibliche Elternschaft, die nie mehr aufhebbar ist, die soziale Elternschaft, die nach Jahren der Bindung und des Zusammenseins ebenfalls nicht mehr austauschbar ist, und die rechtliche Elternschaft (RYAN/WALKER 2007, S. 85).

Vera Fahlberg ordnet die ökonomische Elternschaft der rechtlichen Elternschaft zu. Doch dies ist meines Erachtens ein vierter zentraler Bereich, weil rechtliche Elternschaft und ökonomische Elternschaft oftmals auf verschiedene Personen oder Institutionen verteilt sind.

Die beiden Abbildungen zeigen den Unterschied zwischen einer Pflege- und einer Adoptivfamilie auf. Das Kind wurde von den leiblichen Eltern geboren. Die Pflegefamilie hat ausschließlich – je nach zusammengelebter Zeit – den Bereich der sozialen elterlichen Beziehung inne. Die Rechte liegen entweder weiterhin bei den leiblichen Eltern oder bei einem Vormund. Der Auftraggeber Jugendamt übernimmt die Aufgabe der zahlenden Elternschaft (und die leiblichen Eltern werden weiterhin für die Kosten des Kindes herangezogen). Doch auch viele leibliche Eltern haben Lebenszeit mit dem Kind verbracht und sind soziale

Vier Dimensionen der Elternschaft bei Adoption

Eltern für ihr Kind gewesen. Sie haben jedoch ihre Jeden-Tag-Verantwortung für ihr Kind abgeben müssen.

Adoption

Nach dem Abschluss der Adoption sind Adoptivfamilien – im Gegensatz zu Pflegefamilien – ausschließlich Privatfamilien. Adoptiveltern haben alle elterlichen Aufgaben, Verantwortungen und Rechte, genauso wie leibliche Eltern. Sie sind die gefühlsmäßigen Eltern, die rechtlichen Eltern und sie kommen für das Kind allein finanziell auf, bis es einmal selbstständig ist. Das Kind ist auch erbberechtigt. Die rechtmäßige Verwandtschaftsbeziehung zur Herkunftsfamilie ist laut Gesetz erloschen. Allerdings sieht die psychische Realität anders aus. Adoptiveltern leben eine »soziale Elternschaft« und haben es mit nicht leiblichen Kindern zu tun, die in einer anderen Familie Teil einer Generationenkette sind.

Bei der Adoptivfamilie liegt nur die leibliche Elternschaft außerhalb. Die drei restlichen elterlichen Aufgaben, Jeden-Tag-Beziehung, rechtliche Elternschaft und zahlende Elternschaft, werden von den Adoptiveltern übernommen.

Es gibt heute offene Adoptionen, in denen leibliche und annehmende Familien einander kennen, und Inkognito-Adoptionen, bei denen die Herkunftseltern keine Daten über die Adoptivfamilie erhalten. Im deutschsprachigen Raum nimmt die Zahl der Adoptionen in den letzten Jahren ständig ab – eigentlich eine gute Entwicklung, denn Adoption bedeutet ja immer, dass eine Mutter und ihr Kind sich in einer Notlage befunden haben.

Auslandsadoptionen

Viele unfreiwillig kinderlose Paare bewerben sich um ein Adoptivkind aus einem anderen Land. Wichtig ist, dass diese Eltern nicht ausschließlich »Normalfamilie« sein wollen, sondern sich als internationale und interkulturelle Familie definieren. Eine Auslandsadoption ist eine Alternative für Kinder, die in ihrem Herkunftsland keine Chance auf ein privates Familienleben und eine gute Schulbildung haben. Es darf aber nicht übersehen werden, dass diese Kinder eine besondere Biografie mit vielen tiefen Brüchen mitbringen. Auch bekommen sie bei uns oftmals Diskriminierung und Fremdenfeindlichkeit zu spüren. Sie benötigen besonders viel Hilfe und Unterstützung durch ihre Bezugspersonen (siehe dazu auch das Kapitel 10).

Bewerberpaare sollten besonders wachsam sein, nicht in illegale Adoptionspraktiken verwickelt zu werden. In manchen Ländern blüht der Handel mit Babys oder Kleinkindern, und selbst ältere Kinder wurden in der Vergangenheit zum Beispiel aus Indien und anderen asiatischen Ländern (teilweise ohne Einwilligung ihrer Eltern) nach USA oder Europa »exportiert«. Ein ähnlicher Handel zeichnet sich in Osteuropa ab.

Anonyme Kindesabgabe

Hochproblematisch ist die in Deutschland ohne Gesetzesgrundlage praktizierte anonyme Kindesabgabe (Babyklappen, anonyme Geburt). Die meisten Menschen denken zunächst: »Das ist doch ein gutes Angebot. Mütter, die in Gefahr sind, ihr Baby vielleicht zu töten, können es hier unauffällig in Sicherheit bringen.« Doch so einfach ist es nicht. Anonym geboren oder in eine Babyklappe gelegt worden zu sein, bedeutet für die Kinder eine besonders radikale Form, sich unerwünscht, verstoßen und verloren zu fühlen. Deshalb wehren sich Gruppen von erwachsenen Adoptierten besonders heftig gegen die Möglichkeit der anonymen Kindesabgabe.

Die Anzahl getöteter oder ausgesetzter Babys geht trotz des staatlich geduldeten Angebots zur anonymen Kindesabgabe nicht zurück. Mütter, die ihr Kind töten, tun dies in einem psychischen Ausnahmezustand, der sie daran hindert, vernünftig zu denken und zu planen. Sie haben gar nicht die Handlungsfähigkeit, um sich in ein Krankenhaus zu begeben oder eine Babyklappe aufzusuchen. So wird das Angebot von anderen Menschen in Anspruch genommen. Wir wissen inzwischen, dass das Angebot der anonymen Geburt sogar schon von Studentinnen in Anspruch genommen wurde, um die Formalitäten einer Adoptionsfreigabe zu umgehen, oder von Frauen, die nicht krankenversichert waren.

Die Mütter (falls sie zu dieser Trennung von ihrem Kind nicht sogar gezwungen wurden) werden lebenslang mit einer situativ getroffenen Entscheidung alleingelassen. Sie erhalten die staatlich akzeptierte Berechtigung, ihr Kind zu »entsorgen«, ohne auch nur irgendeine Verbindlichkeit einzugehen oder Hilfe durch Beratung zu erhalten (Swientek 2007; Wilson 2007 b). Das Angebot, Kinder in einer Babyklappe abzulegen, bietet Angehörigen, Partnern, unter Umstanden sogar Zuhältern die Möglichkeit, der Mutter (die vielleicht illegal hier lebt) das Kind gegen ihren Willen zu entziehen.

Familienpflege: unterschiedliche Zeitperspektiven für Pflegekinder

Interessenwidersprüche zwischen Herkunftseltern, Kind und Pflegeeltern gehen immer mit Spannungen für das Kind einher. Die Verantwortlichen sollten bei der Weichenstellung klären: Will die Pflegefamilie Ergänzungsfamilie auf Zeit oder Ersatzfamilie auf Dauer sein? Und die Perspektiven der Kinder und ihrer Herkunftseltern sollten zu dem passen, was die jeweilige Pflegefamilie leisten kann.

TIPP **Das oberste Gebot im Pflegekinderwesen muss sein, dass eine Pflegefamilie zeitlich nur zu der Aufgabe herangezogen wird, die sie auch erfüllen kann und will. Pflegefamilien sollten sich niemals zu einer Perspektive drängen oder verleiten lassen, die sie sich nicht wirklich zutrauen.**

Dauerpflege

Im deutschen und internationalen Recht haben Kinder und ihre leiblichen Eltern grundsätzlich einen Anspruch auf ein Zusammenleben. Da es Menschen gibt, die ihre elterliche Alltagsverantwortung wegen psychischer Beeinträchtigungen, chronischer Abhängigkeitsprobleme, langjähriger Inhaftierungen oder körperlicher Krankheiten nie werden wahrnehmen können, wird es jedoch weiterhin Dauerpflegeverhältnisse ohne Rückkehroption geben.

So werden Pflegeeltern gesucht und gebraucht, die für ein Kind dauerhaft die Elternrolle übernehmen wollen, also »Ersatzeltern« werden. Diese »adoptionsähnlichen Dauerpflegeverhältnisse« kommen dem Bedürfnis der meisten Pflegeelternbewerber entgegen. Wenn das Kind jung in die Familie kommt, entwickelt es Familienbindungen und liebt seine sozialen Eltern und Geschwister. Seine Herkunftsfamilie behält gleichwohl weiterhin eine große Bedeutung.

Abgesehen von einzelnen dramatischen Ausnahmen werden die meisten dieser Kinder in ihren Pflegefamilien groß. Einige werden dann im Alter von achtzehn Jahren nach Minderjährigenrecht von ihren Pflegeeltern adoptiert.

Zeitlich befristete Pflege

Für eine zeitlich befristete Fremdunterbringung von bis zu zwei Jahren ist eigentlich die Heimerziehung gut geeignet, wenn die Kinder nicht mehr im Kleinkindalter sind. Doch da Heimplatzierungen um ein Vielfaches teurer sind als Pflegeeltern, ist es politisch erwünscht, auch Kinder mit einer Rückkehrperspektive zwischenzeitlich in Pflegefamilien unterzubringen.

Die Kinder können davon auch durchaus profitieren, wenn sie während ihrer Fremdunterbringung in einer Familie leben und deren Umgangsformen und Beziehungsmuster kennenlernen. Sie verinnerlichen auf diesem Weg hilfreiche Normen und Werte für ihr späteres Leben. Und eine Unterbringung in privaten Räumen mit »Privatmenschen« ist persönlicher als das Leben in einem Heim.

So suchen viele Jugendämter Pflegeeltern (als »Ergänzungseltern«), die sich darauf eingestellt haben, dass das Kind nur ein Gastkind »auf Zeit« sein wird. Das Kind soll nach zwei, manchmal auch mehr Jahren wieder nach Hause zurückkehren.

Diese Aufgabe erfordert ein hohes Maß an Bindungstoleranz und innerer Unabhängigkeit der Pflegeeltern bei gleichzeitiger stabiler Zuneigung für das Kind.

Dies ist ein komplizierter Auftrag für die annehmenden Eltern und das Kind. Kinder in Heimen bleiben Kinder ihrer Eltern und haben nur *eine* Familie. Das Kind, das eine private Vater- oder Mutterfigur gernhat, fragt sich, ob es seine Eltern gegen die neuen elterlichen Bezugspersonen austauschen oder ihnen treu bleiben soll. Und es ist ein schwerer Abschied für die Kinder, wenn sie ihre zweite Familie nach einem längeren Zeitraum wieder verlassen. Hier sollten »weiche Übergänge« für das Kind zwischen allen Beteiligten vereinbart werden.

Die Pflegeeltern sollten sich auch die Auswirkungen auf ihre leiblichen Kinder vor Augen halten. Sie muten ihnen zu, dass auch sie sich auf ein neues Familienmitglied einlassen und sich wieder lösen müssen. Solche Pflegekinder sollten deshalb klar als »Gastkinder« in der Familie definiert werden.

Zeitlich befristete Pflege wird am besten von einem Träger angeboten, der konkrete Unterstützungsangebote für die Pflegeeltern und die Herkunftseltern anbietet. Nur so kann eine Rückkehr in die Herkunftsfamilie so gestaltet werden, dass die Kinder diese auch bewältigen.

Rückkehr in die Herkunftsfamilie oder »für immer« in der Pflegefamilie?

Was für ein Kind das Richtige ist, hängt davon ab, wie früh es in seinem Leben von seinen ersten Eltern getrennt wurde und wie lange es schon in seiner Pflegefamilie lebt. Kam die Trennung von den Eltern früh und ist es schon viele Jahre an die neue Familie gebunden, so ist aus bindungstheoretischer Sicht eine Rückkehr in die Herkunftsfamilie meist nicht mehr im Interesse des Kindes, selbst wenn Vater und/oder Mutter ihre Krisen überwunden haben und sie wieder die Elternrolle für ihr Kind übernehmen könnten. Hier stehen kindliche Bedürfnisse nach Bindungskontinuität im Widerspruch zu den Grundrechten der Eltern.

Kam die Trennung von den Eltern erst spät (etwa wenn das Kind schon älter als vier oder sechs Jahre war), dann ist es häufig im Interesse des Kindes, wieder zurückzukehren, wenn sich in der Familie eine nachhaltige Verbesserung der Lebensumstände entwickelt hat.

Da wir es im ganzen Pflegekinderbereich mit menschlichen Bedürfnissen zu tun haben und vielfältigen Einwirkungen des persönlichen Schicksals, können wir nicht alles bis ins Letzte kalkulieren. Es gibt keine pauschalen Lösungen. Die Rückkehroption sehr lange offenzuhalten kann für manche Kinder und ihre Eltern das Richtige sein, vorausgesetzt, die Pflegefamilie hat die innere Unabhängigkeit, um dies mitzutragen.

In strittigen Fällen muss für jedes einzelne Kind sorgfältig abgeklärt werden, welche Perspektive seinem Wohl entspricht. Und hierbei ist das Interesse der Erwachsenen – der leiblichen Eltern, manchmal auch der annehmenden Eltern – nicht immer identisch mit den Interessen der Kinder. Die Interessen der Kinder sollten jedoch Priorität haben.

Die offene Zeitperspektive

Fachkräfte können in der Regel prognostizieren, ob ein Kind auf Dauer in einer Pflegefamilie leben soll oder ob eine Rückkehr in die Herkunftsfamilie im Interesse des Kindes liegt. Dies muss auch im Hilfeplan (§ 36 SGB VIII) verankert werden. Aber nicht immer ist vorhersehbar, ob es sich um eine zeitlich eingrenzbare Krise der Eltern handelt. Manchmal halten soziale Dienste prinzipiell die Möglichkeit der Rückkehr des Kindes offen, und zwar ohne eine reale Perspektive auf eine »nachhaltige Verbesserung« (§ 37 SGB VIII) der Erziehungsbedingungen in der Herkunftsfamilie.

»Rechtslage« ▸ Nach § 36 SGB VIII ist ein Hilfeplan über die Art, den Umfang, die Ziele und die Dauer der gewährten Hilfe zu erstellen. Hilfeplangespräche finden auf Einladung des Jugendamtes jedes Halbjahr statt. Teilnehmende sind die Sorgeberechtigten, das Kind bzw. der Jugendliche, die Pflegeeltern als Leistungserbringer, manchmal auch andere Fach- und Bezugspersonen. § 37 SGB VIII besagt unter anderem: »Ist eine nachhaltige Verbesserung der Erziehungsbedingungen in der Herkunftsfamilie innerhalb dieses Zeitraums nicht erreichbar, so soll mit den beteiligten Personen eine andere, dem Wohl des Kindes oder des Jugendlichen förderliche und auf Dauer angelegte Lebensperspektive erarbeitet werden.« ◂

Aber es können auch ganz unvorhersehbare Perspektivenänderungen eintreten. Ich habe schon viele Pflegeeltern erlebt, die sich auf die Rückkehr des Kindes in die Herkunftsfamilie eingestellt haben, doch diese Rückkehr stellte sich im Lauf der Zeit als unrealisierbar heraus, weil im Leben der Mütter und Väter neue Konfliktlagen hinzugekommen sind (Trennung vom Partner, Krankheit, Verlust der Wohnung usw.).

Deshalb vereinbaren manche Jugendämter mit den Pflegeeltern eine *offene Zeitperspektive*. Diese Pflegeeltern nehmen ein Kind auf, bei dem noch nicht entschieden ist, ob es zurückkehren wird oder ob es bleiben kann, bis es erwachsen ist. Zunächst wird von der Rückkehr des Kindes in seine Familie ausgegangen. Später entwickelt sich dieses Pflegeverhältnis »auf Zeit« möglicherweise doch noch zu einem Dauerpflegeverhältnis.

Kontinuität für Pflegekinder

In Großbritannien und den USA gibt es das Konzept des »Permanency Planning«. Es hat das Ziel, das Kind dauerhaft in einer sicheren, stabilen Umgebung aufwachsen zu lassen. Zunächst wird alles getan, dass diese dauerhafte stabile Umgebung bei der Herkunftsfamilie des Kindes geschaffen wird (»Reunification«). Wenn ein Kind allerdings in den letzten 22 Monaten 15 Monate nicht bei seinen leiblichen Eltern leben konnte, soll es nicht mehr in seine Familie zurückkehren, sondern anderswo diesen festen, stabilen Platz bekommen: in einer Adoptiv- oder Dauerpflegefamilie.

Unter »Reunification« (Wiedervereinigung) versteht man den Erhalt der Bindungen und Beziehungen zwischen Kind und leiblichen Eltern auch bei dauerhaftem Getrenntleben. »Diese Betrachtungsweise von Reunification verdeutlicht die Wichtigkeit der Erhaltung und Förderung der Verbundenheit zwischen Pflegekind und leiblichen Eltern durch verschiedene Formen und Ebenen des Kontakts.« (Evers 2008, S. 3)

Solche Planungssysteme wie in diesen beiden Ländern haben den Vorteil, dass sich alle Beteiligten an klar geregelten zeitlichen Fristen orientieren können. Der Nachteil: Individuelle Konstellationen sind eher ausgeschlossen. Bis eine schwer alkoholkranke Mutter dauerhaft und stabil »trocken« ist, dauert es länger als 15 Monate. Im deutschsprachigen Raum gibt es wegen der starken Elternrechte flexiblere Konzepte.

BEISPIEL Marina wurde als Baby mit einem halben Jahr in Pflege gegeben, und zwar mit dem Ziel, dass sie mit dreieinhalb Jahren, wenn ihre junge Mutter ihre Ausbildung beendet haben würde, wieder mit ihr zusammenleben sollte. Die Mutter holte das Kind jedes Wochenende und in ihrem Urlaub und sie telefonierten täglich miteinander. Die Pflegeeltern, die schon zwei Pflegekinder großgezogen hatten, übernahmen den Auftrag gern. Marina erlebte ihre Mutter und die Pflegefamilie als ein einziges großes Familiensystem mit gemeinsamer Elternschaft und konnte mit dreieinhalb gut zu ihrer Mutter überwechseln. Sie kam weiter an einigen Wochenenden im Jahr und an einigen Tagen in den Ferien zu ihrer ehemaligen Pflegefamilie. Marina musste nie die eine gegen die andere Familie austauschen. ■

Für jedes einzelne Kind muss geprüft und geplant werden: Was können alle dazugehörigen Bezugspersonen leisten, damit es dem Kind in seiner besonderen Situation gutgeht? Im besten Fall sollten leibliche Eltern und Pflegeeltern gemeinsam dafür sorgen, dass das Kind keine seiner beiden Familien je wieder ganz verlieren muss. So wird Bindungskontinuität in seinem Leben verwirklicht.

Verwandtenpflege

Wenn Großeltern, Onkel, Tanten oder andere Verwandte ein Kind aus dem erweiterten Familienkreis zu sich nehmen, so kann dies unter unterschiedlichen jugendhilferechtlichen Rahmenbedingungen geschehen. Es gibt Verwandte, bei denen ein Kind im Auftrag seiner sorgeberechtigten Eltern lebt, die dem Jugendamt gar nicht bekannt sind: Eine solche Verwandtenpflege braucht laut § 44 SGB VIII keine Erlaubnis der Jugendbehörde. Andere Kinder leben ebenfalls »erlaubnisfrei« zum Beispiel bei der Großmutter, erhalten jedoch Hilfe zum Lebensunterhalt und werden auch von den sozialen Diensten beraten.

Die dritte Gruppe von Verwandtenpflege wird offiziell als »Familienpflege« anerkannt, da sie eine »Hilfe zur Erziehung« nach den §§ 27 und 33 SGB VIII erbringt. Diese Angehörigen des Kindes erfüllen ihren Auftrag unter denselben Konditionen wie »Fremdpflegefamilien«: Sie erhalten Pflegegeld, Beratung, Fortbildungsangebote und werden jedes halbe Jahr zum Hilfeplangespräch eingeladen.

Vorzüge der Verwandtenpflege

Verwandtenpflege wird in vielen anderen Ländern stärker favorisiert als bei uns in Deutschland. In den Niederlanden beispielsweise befinden sich mehr Kinder in Verwandtenpflege als in Fremdpflege. Dort gibt es Konzepte, bei denen die Professionellen der Jugendhilfe zunächst das soziale Netzwerk (Verwandtschaft, Freunde, Nachbarschaft) beauftragen, die bestmögliche Lösung für das Kind zu suchen, wenn ein Kind von seinen Eltern nicht ausreichend betreut werden kann.

Verwandtenpflege kann für die Kinder große Vorzüge haben: Sie müssen ihre Familie nicht komplett verlassen, sie bleiben bei vertrauten Menschen. Ich kenne außerordentlich konstruktive Pflegeverhältnisse: Oma und Opa betreuen das Kind, während die Tochter in Ausbildung ist. Die Tochter übernimmt das Kind jedes Wochenende und telefoniert täglich mit ihm. Die Großeltern bleiben die Großeltern, während das Kind bei ihnen wohnt. Das Kind wechselt nach einigen Jahren zurück zur Mutter. Nach der Rückkehr in die Ursprungsfamilie bleibt die bisherige »Großeltern-Pflegefamilie« erhalten.

Diese Kinder verfügen über eine hohe Kontinuität ihrer Bindungspersonen, obwohl sie nicht von klein an jeden Tag mit ihrer Mutter oder ihrem Vater zusammenleben konnten.

TIPP **Großeltern oder Onkel und Tante können ein idealer Pflegeplatz auf Zeit sein, wenn sie dem Kind zubilligen, eine Bindung zur Mutter oder zum Vater zu bewahren, und nach einer Rückkehr des Kindes zu den Eltern verfügbar bleiben.**

Risiken bei der Verwandtenpflege

Es gibt aber auch eine Kehrseite bei der Verwandtenpflege: Befinden sich die Verwandten mit den leiblichen Eltern »im Krieg«, haben sie ihnen gegenüber enttäuschte und verbitterte Gefühle, dann wird das Kind von starken Identitäts- und Loyalitätskonflikten belastet. Verwirrend ist für das Kind zudem, wenn die biologisch vorgegebenen Verwandtschaftsverhältnisse nicht mehr gelten und es zu seiner Oma oder zu seiner Tante »Mama« sagt oder zu seinem Opa oder Onkel »Papa«.

Was für alle Adoptiv- und Pflegefamilien zutrifft, gilt auch für Verwandtenpflege: Die Kinder können ihr besonderes Schicksal dann tragen, wenn die Erwachsenen miteinander eine wie auch immer geartete Balance gefunden haben. Das bedeutet, dass annehmende Verwandte bereit sein sollten, sich mit den leiblichen Eltern des Kindes – wie auch immer – auszusöhnen. Leibliche Eltern und annehmende Verwandte haben eine gemeinsame Familiengeschichte. So sollten sich nicht nur die leiblichen

Eltern, sondern auch die annehmenden Verwandten mit ihren möglichen Anteilen am Geschehen, das zur Trennung von Eltern und Kind geführt hat, auseinandersetzen.

Literatur ▸ Blandow, Jürgen: Anders als die anderen ... Die Groß- eltern- und Verwandtenpflege. Siehe: www.dji.de/pkh/blandow_verwandtenpflege.pdf.

Kleiner Ratgeber für Verwandtenpflegeeltern und solche, die es werden wollen. http://www.pflegekinder-berlin.de/files/verwandtenpflege_ratgeber_2011.pdf.

Sonderpflege und professionelle Pflegefamilien

Im Auftrag von freien Trägern, die Vertragspartner der Jugendämter sind, stellen professionelle Pflegeeltern ihre Familie zur Verfügung, um besonders förderungsbedürftige Kinder aufzunehmen. Es gibt unterschiedliche Bezeichnungen für professionelle Pflegefamilien, ohne dass damit spezifische Konzepte einhergehen: Erziehungsstellen, Sonderpflegefamilien, Familienwohngruppen usw. Ein Pflegeelternteil hat einen Vertrag, manchmal sogar einen Arbeitsvertrag mit dem »Anbieter« bzw. Träger dieser professionellen Pflegestellen. Der Träger wiederum ist Vertragspartner des Jugendamtes. Pflegeeltern erhalten eine intensivere fachliche Betreuung und eine wesentlich bessere Bezahlung als »Normalpflegeeltern«. Einige Träger von Sonderpflegestellen nehmen nur Kinder auf, die langfristig und »auf Dauer« in den Erziehungsstellen oder sozialpädagogischen Sonderpflegestellen leben sollen. Andere »Anbieter« vermitteln in erster Linie »Kinder auf Zeit« mit dem Ziel der Rückkehr in die Herkunftsfamilie. Eine der elterlichen Bezugspersonen sollte eine Ausbildung in einem pädagogischen Beruf mitbringen. Doch dies ist nicht immer Bedingung.

Bei genauerem Hinsehen haben »professionelle Familien« oftmals ganz ähnliche Konflikte wie die »normalen« Pflegefamilien. Der Doppelauftrag, als private Familie gleichzeitig Vertragspartner eines öffentlichen Auftraggebers zu sein, also das Zusammenleben mit den Kindern als Beruf zu definieren und dazu mit der Herkunftsfamilie zusammenzuarbeiten, bleibt kompliziert. Es ist nur bis zu einem gewissen Grad möglich, eine Privatfamilie in eine Institution der Jugendhilfe umzuwandeln.

Bereitschaftspflege

Bereitschaftspflegeeltern schließen einen Vertrag mit dem Jugendamt. Dieser sieht vor, dass sie ad hoc Kinder nach »Inobhutnahmen« durch die Polizei oder das Jugendamt aufnehmen. Es ist vertraglich geregelt, dass das Kind nur für einen befristeten Zeitraum in der Pflegefamilie verweilt. In dieser Zeit wird abgeklärt, ob und in welchem möglichen Zeitraum die Krise in der Herkunftsfamilie bewältigt werden kann oder ob das Kind auf Dauer in einer anderen Pflegefamilie leben soll. Bereitschaftseltern erhalten für das Bereithalten des Platzes einen kleinen Tagessatz und einen höheren Betrag, wenn der Platz belegt wird.

Bereitschaftspflegeeltern arbeiten eng (manchmal mehrmals wöchentlich) mit den Eltern des Kindes und dem Jugendamt zusammen und verfassen beispielsweise Berichte. Sie erhalten intensive Beratung durch die Fachkräfte des Jugendamtes und haben meist Supervision und Intervision sowie die Verpflichtung zur Fortbildung. Durch diese »begleitenden Hilfen« sind diese Familien auf das Ablösen und Wiederhergeben der Kinder eingestellt und lernen, diese schmerzlichen Prozesse bestmöglich zu meistern.

Wird das Kind dann nach einer Zeit zwischen sechs Wochen und drei Monaten (manchmal ist die Verweildauer des Kindes wesentlich länger, weil die Familiengerichtsverfahren abgewartet werden müssen) in eine andere Familie vermittelt, bahnt und begleitet die Bereitschaftspflegefamilie einen möglichst sanften Übergang (Schritt für Schritt) in die neue Familie.

Haben sich Kinder länger in der Bereitschaftspflege aufgehalten (manchmal kommt es zu Zeiträumen von ein bis zwei Jahren!), ist es wertvoll, wenn es später weiterhin eine wenn auch lose Bindung zwischen dem Kind und seiner Bereitschaftsfamilie gibt: ein Besuch pro Jahr, Karten zu Weihnachten und zum Geburtstag usw.

Paten- bzw. Assistenzfamilien

Schauen wir über unsere Landesgrenzen hinaus, so finden wir in manchen Ländern Hilfeangebote für Kinder und Herkunftsfamilien, die bei uns erst in den Anfängen stecken. In Schweden werden Kindern, die in der eigenen Familie nicht ausreichend gefördert werden, sogenannte Kontaktpersonen oder Kontaktfamilien zur Seite gestellt. Das sind Personen oder Familien, die in der Nachbarschaft der Ursprungsfamilie leben. Kontaktpersonen gehen in die Familie, um zu unterstützen. Kontaktfamilien nehmen das Kind öfter am Wochenende, damit es Entlastung von der häuslichen Konfliktlage erhält. Dies sind Angebote, die von den Personensorgeberechtigten oder ab dem 15. Lebensjahr von den Jugendlichen selbst freiwillig beantragt und in Anspruch genommen werden können.

Auch in Belgien arbeitet die deutschsprachige Gemeinschaft mit der Unterstützung von Patenfamilien: »Die Patenfamilie ist eine organisierte ›Nachbarschaftshilfe‹ für Kinder. [...] Zu Beginn einer Patenschaft schließen alle Beteiligten einen Vertrag ab, in welchem die Anzahl Stunden oder Tage festgelegt werden, an denen sie die Kinder betreuen. Patenfamilien stellen eine Ergänzung zur eigenen Familie dar, keinen Ersatz, sie entlasten die Herkunftsfamilie.« (THOMAS 2008, S. 7)

Auch psychisch kranke Mütter und Väter benötigen mitunter Beistand auf Zeit – und das immer wieder in kleineren oder größeren Abständen. Wenn den Kindern kontinuierlich eine Familie zur Verfügung steht, solange sich ihre Mutter oder ihr Vater stationär in der Psychiatrie aufhält, so kann dies die Kinder fördern und entlasten. Wenn die Mütter oder Väter etwa medikamentös gut eingestellt sind, können sie wieder eine ganze Weile ihrer elterlichen Verantwortung gerecht werden. Kommt es wieder zur psychischen Krise, springt die Paten- bzw. Assistenzfamilie erneut ein. Natürlich sind Menschen, die sich für diesen Auftrag bereit erklären, weit entfernt davon, die Kinder in ihre Familie zu integrieren. In Deutschland gibt es immer mehr Organisationen oder freie Träger, die solche Patenprojekte für Kinder psychisch erkrankter Eltern anbieten.

*»Man müsste jeder Herkunftsmutter empfehlen, sofort umzuziehen. Man hält es nicht aus, in das leere Kinderzimmer zu gehen, das Spielzeug, die Kleider zu sehen. Und dann die Nachbarn, die entweder wegschauen und nicht mehr mit einem reden oder einen laut beschimpfen.« (**Lehnst/Reuß** 2002, S. 23 f.)*

Keine leibliche Mutter, die ihr Kind zur Welt gebracht hat, gibt ihr Kind ohne schwerwiegende Gründe ab. Nur die Freigabe zur Adoption wird manchmal von Müttern und Vätern schon vor der Geburt geplant und in Zusammenarbeit mit den Adoptionsdiensten der Jugendämter anschließend umgesetzt. Alle anderen Familien, die mit ihren Kindern in seelisch-soziale Krisen geraten, erhalten zunächst Unterstützungsangebote innerhalb der Familie. Die Platzierung eines Kindes außerhalb seiner Familie – vorübergehend oder auf Dauer – ist meist erst der letzte Schritt nach vielen Versuchen, den Kindern ein Zusammenleben in der eigenen Familie zu ermöglichen.

BEISPIEL Die heute zehnjährige Jessika wurde als Neugeborenes adoptiert. Juliane, die leibliche Mutter mit schwerer Drogenproblematik, kommt zwei- bis dreimal im Jahr zu Besuch, telefoniert öfter und berichtet, wenn sie auf Entzug geht. Rückfälle treten immer wieder auf. Die Adoptiveltern haben lange an sich gearbeitet, nicht immer zusammen mit der Mutter »abzustürzen«. Sie haben gelernt, die junge Frau so zu respektieren, wie sie ist.

Juliane hatte als Kind keine guten Startbedingungen. Zu Hause gab es Gewalt, Alkohol und sexuelle Übergriffe. Sie lief mit 15 Jahren weg und lebte ohne »offizielle Hilfe« heute mal bei Freundinnen, dann wieder bei kurzfristigen Männerbekanntschaften. Die junge Mutter kann den Vater von Jessika nicht angeben.

Schon früh erzählten die Adoptiveltern Jessika von der schwierigen Kindheit und der Drogenabhängigkeit ihrer Mutter und was für eine kluge und verantwortliche Entscheidung die Mutter für Jessika getroffen hatte. Jessika kann die Besuche mit ihrer Mutter genießen, stellt Fragen und ist neugierig. Sie weiß, dass ihre Juliane-Mama entschieden hat, dass sie für immer zu ihren Adoptiveltern gehören soll. Beim letzten Besuch hat Jessika nicht locker gelassen, ihre Mutter nach ihrem Vater zu fragen. ■

Werden Kinder und Eltern getrennt, so gibt es zwei große Gruppen: Es gibt Mütter und Väter, die sich in einer seelisch-sozialen Notlage für eine »freiwillige« Fortgabe ihrer Kinder entscheiden, wobei diese Freiwilligkeit ein Ergebnis des Diktats von Krisen und schwierigen Lebensumständen ist. Und es gibt Familien, denen die Kinder durch eine Inobhutnahme des Jugendamtes und durch einen Beschluss des Familiengerichts entzogen werden.

Pflege- und Adoptivkinder kommen so gut wie nie aus einer »heilen Welt«. Sonst hätten sie dort nicht fortgemusst. Das Leben ihrer Herkunftseltern ist häufig geprägt von Armut, Unruhe, Ortswechseln, Krankheiten, Partnerschaftskonflikten. Sehr oft handelt es sich um Menschen, die selbst als Kinder keine guten Startbedingungen hatten, die geprägt sind von Beziehungsabbrüchen, Gewalt oder Traumatisierungen. Mitunter spielen Migration, Fremdsein, Sprachprobleme oder auch Illegalität des Aufenthalts im Land eine zusätzliche Rolle.

Werden Kinder aus anderen Ländern der Welt zu uns adoptiert, so sind neben den oben genannten Konflikten Armut,

Krankheit bzw. Behinderungen sowie kulturelle und religiöse Normen häufige Gründe, die die Mütter (Eltern) dazu zwingen, sich von ihren Kindern zu trennen.

Herkunftsmütter haben häufig weder durch die Väter der Kinder noch durch ihre Eltern noch durch andere Verwandte Unterstützung. Einige sind selbst als Pflege-, Adoptiv- oder Heimkind aufgewachsen. Viele von ihnen können trotz bester Absichten für ihre Kinder keine angemessenen Eltern sein.

Wie können »abgebende« Mütter und Väter ihre Situation bewältigen?

Nach einer Trennung von Eltern und Kindern fängt die eigentliche Arbeit für die Herkunftseltern erst an. Auch Ursprungseltern, die ihre Kinder zur Adoption freigaben, vermissen ihre Kinder. Sie sind langjährigen Trauerprozessen ausgeliefert. Sie haben wiederkehrende Lebenskrisen um die Zeit des Geburtstags des Kindes. Sie machen unterschiedliche Phasen der Verarbeitung des Schmerzes durch: Viele Mütter berichten, dass sie die Ereignisse zunächst über Jahre verdrängt, abgespalten haben. Erst nach fünf, zehn, manchmal nach zwanzig Jahren wird manchen die große Tragweite ihrer damaligen Entscheidung bewusst und der Schmerz – manchmal auch anhaltende Depression – lässt sie nicht mehr los. Keiner Mutter gelingt es, ihr Kind auf Dauer zu vergessen.

Nur ganz wenige Frauen sind in der Lage, im Lauf des Lebens mit der ungewöhnlichen Rolle, eine Mutter zu sein, die nicht mit ihrem Kind zusammenlebt, ihren Frieden zu schließen. Hinzu kommt die Angst, dass die Tochter oder der Sohn die Fortgabe nicht verzeihen kann. Mütter, die offene Adoptionen pflegen, erleben die Tatsache der Trennung auch als schmerzhaft, doch durch die Anteilnahme am Leben des Kindes ist es für sie »verdaulicher«.

Rabenväter gibt es nicht – nur Rabenmütter

Es sind auch heute noch überwiegend die Mütter, die weltweit nicht nur für die Schwangerschaft, sondern auch für die danach folgende Versorgung der Kinder die Verantwortung zugeschrieben bekommen. Mütter werden in manchen Kulturen aus ihren Familien ausgestoßen, wenn sie eine außereheliche Schwangerschaft ausgetragen haben. Mütter werden in unserer Gesellschaft ausgegrenzt und geächtet, wenn sie ihre Kinder fortgeben. Die dazugehörigen Väter hingegen bleiben geschützt.

Männern wird gesellschaftlich erlaubt, nicht von früh bis spät ein Kind zu hüten und zu versorgen. Geschiedene Väter, die nicht mit ihrem Kind zusammenleben und für einen Tag in der Woche oder im Monat mit ihren Kindern zusammen sind, werden nicht entwertet. Und niemand würde ihnen unterstellen, sie seien keine »richtigen« Väter. Zumindest ernten sie in der Regel keine Missbilligung aus ihrem sozialen Umfeld. Wenn eine Frau sich entscheidet, die tägliche Verantwortung für ihr Kind auf andere Menschen zu übertragen, so wie es bei Adoption oder Dauerpflege geschieht, dann erntet sie Unverständnis.

Aber nicht jede Frau, die ein Kind zur Welt bringen kann, und auch nicht jeder Mann, der ein Kind gezeugt hat, ist automatisch befähigt, diesem Kind auch jeden Tag und jede Nacht die Versorgung zu geben, die es braucht. Dies sollte Männern und Frauen gleichermaßen zugestanden und als Tatsache akzeptiert werden. Das Gefühl, das Kind zu lieben, ist nicht selbstverständlich gleichzusetzen mit der Fähigkeit, dem Kind auch geben zu können, was es braucht.

Hilfe durch Gruppenarbeit

Leider haben wir es auch heute noch mit mangelhaften finanziellen und personellen Ressourcen in der Jugendhilfe zu tun und mit fehlenden Unterstützungsmöglichkeiten für Eltern, deren Kind in einer anderen Familie lebt. Pflegefamilien erhalten oftmals Supervision und Fortbildung. Die entsprechenden Angebote für Herkunftseltern sind sehr dünn gesät. In den USA etwa ist die Begleitarbeit für Herkunftseltern wesentlich stärker institutionalisiert. Erste Initiativen in Frankfurt am Main, Stuttgart, München, Bremen und Berlin sind wirkungsvoll und kommen nicht nur den Eltern, sondern auch den Kindern zugute.

BEISPIEL In der Kinder-Jugend-Eltern-Beratung Gallus in Frankfurt am Main bildet die Beratung von Herkunftseltern einen Schwerpunkt neben der Beratung von Pflege- und Adoptivfamilien. Dazu wird neben Einzelberatung auch fachlich angeleitete Gruppenarbeit für diese Eltern angeboten. In diesen Gruppen wird deutlich, dass viele Herkunftseltern noch nie andere Menschen in ähnlicher Situation getroffen haben. Sie lernen in der Gruppenarbeit, die Bedeutung und den Wert von leiblicher und sozialer Elternschaft realer einzuordnen und zwischen eigenen Wünschen und den realen Interessen der Kinder zu unterscheiden. Sie lernen, sich gemäß ihrer Lebenssituation und der Perspektive des Kindes (Dauerpflege oder Rückkehr des Kindes) kongruent zu verhalten und schließlich die Verantwortung für ihre eigenen Anteile, die zur Fremdplatzierung führten, zu übernehmen. ■

Die innere Haltung von Mutter oder Vater zur Fremdunterbringung trägt entscheidend dazu bei, wie gut oder schlecht ihr Kind mit der Realität der Fremdplatzierung aufwachsen kann und ob es zum Beispiel die Umgangskontakte »verträgt«. Die leiblichen Eltern können durch eigene Entwicklungsschritte einen Beitrag zum langfristigen Gelingen des Lebens ihrer Kinder leisten.

Literatur ▸ Auch Eltern ohne Kinder bleiben Eltern – Beratungsprozesse mit Herkunftseltern. Internet: www.dji.de/pkh/wiemann_ris_herkunftselternarbeit.pdf.

Standort der Herkunftseltern im System »Pflegefamilie – Kind – Herkunftsfamilie«

Es ist schwer für viele Herkunftseltern, ihre Rolle und ihren Platz im komplizierten Dreieck Pflegefamilie – Kind – Eltern zu finden und angemessen auszufüllen. Auch Eltern von Kindern in Heimen haben schwer an der Trennung von ihren Kindern zu tragen und geben große Teile ihrer alltäglichen elterlichen Verantwortung ab. Doch sie bleiben die einzigen Eltern ihrer Kinder. Den Widerspruch, sich als Eltern zu fühlen, die Elternrolle im Alltag jedoch abgegeben zu haben, können viele Herkunftseltern ohne Hilfe von außen nicht für sich lösen.

Wenn Zukunftswünsche der Eltern der Lebenswirklichkeit des Kindes widersprechen

Es gibt Mütter und Väter, die ihr Kind auch »beauftragen«, in der Pflegefamilie zu leben. Sie erkennen selbst, dass sie überlastet waren, und können der Pflegefamilie Wertschätzung entgegenbringen. Die Zukunftsvorstellungen von leiblichen Eltern, Jugendamt, Kind und Pflegeeltern stimmen miteinander überein. Wenn Kinder und Jugendliche merken, dass ihre Eltern mit ihrer Unterbringung in der Pflegefamilie einverstanden sind, sind sie weniger in Loyalitätskonflikte verwickelt.

Manche Eltern können nicht gut unterscheiden zwischen ihren eigenen Wünschen und den Interessen ihrer Kinder. Ihre Zukunftswünsche nach einer Rückkehr des Kindes in ihre Familie sind sehr stark, aber vom Jugendamt und Familiengericht werden sie nicht geteilt. Dass ein Kind nach vielen Jahren in seinem neuen Lebensmittelpunkt »beheimatet« ist, können manche Eltern nicht akzeptieren. Und die Kinder erhalten nicht ihr Einverständnis, dass sie in der neuen Familie Wurzeln schlagen dürfen. Die Eltern haben das Gefühl, die Pflegeeltern nehmen ihnen das Kind weg. Dazu erhalten die Pflegeeltern Geld für das Kind, mehr Geld, als die Mutter oder der Vater jemals selbst für das Kind zur Verfügung hatte. Die Eltern fühlen sich gegenüber den Pflegeeltern ungerecht behandelt.

Je länger ein Kind bei anderen Menschen gelebt hat und je früher es sich an andere Menschen und ein anderes Zuhause gebunden hat, desto weniger liegt es in seinem Interesse, wieder zur Mutter oder zum Vater zurückzukehren. Die leiblichen Eltern müssen somit ihr Kind früher »loslassen« und in ein Leben mit anderen Menschen an einem anderen Ort entlassen, so wie sonst Eltern von schon erwachsenen Kindern. Erwachsene Kinder kehren auch nur ganz selten noch einmal zu den Eltern zurück und wohnen nicht mehr mit diesen zusammen. Die meisten von ihnen halten ihre Beziehung über Telefonate und gegenseitige Besuche lebendig.

Viele Mütter (und Väter) verhalten sich, als seien sie weiterhin vollständige Eltern. Viele von ihnen mischen sich in die Erziehung ein, wollen bestimmen, was die Kinder essen, wie sie sich kleiden oder frisieren. Doch als Eltern, die nicht mehr mit ihrem Kind zusammenleben, gehört das nicht mehr zu ihren Aufgaben. Sie sollten die Kontakte nutzen, um mit ihrem Kind eine schöne Zeit zu verbringen, es aber nicht erziehen wollen.

Wenn wir die elterlichen Aufgaben aufgliedern, dann erkennen Eltern schnell: Herkunftseltern bleiben Eltern, allerdings solche, die Teilbereiche ihrer elterlichen Aufgaben abgegeben haben.

Verteilung der elterlichen Aufgaben bei Dauerpflege

Leibliche Eltern	**Soziale Eltern**
Gelebte Zeit sozialer Elternschaft	Beziehung und Bindung
Beziehung und Bindung?	Erziehung
Besuchselternschaft?	Jeden-Tag-Verantwortung
Rechtliche Elternschaft: Eltern oder Vormund	**Zahlende Elternschaft**
Sorgerecht	Leibliche Eltern
Aufenthaltsbestimmungsrecht	Jugendamt
Besuchsrecht	

Diese Tabelle zeigt, wie sich die Verantwortungen von Eltern verändern, deren Kind in einer Pflegefamilie lebt. Die Eltern bleiben für immer leibliche Mutter und leiblicher Vater. Je nach den zusammengelebten Jahren haben sie auch weiterhin eine soziale Elternschaft zu ihrem Kind. Sie haben eine Beziehung und eine Bindung zu ihrem Kind und das Kind zu ihnen. Allerdings haben sie ihre Jeden-Tag-Verantwortung an die Pflegeeltern abgeben müssen. Diese übernehmen nun die Erziehung und Versorgung des Kindes. Auch zu den Pflegeeltern entwickelt das Kind Beziehung und Bindung. Die gestrichelte Linie soll darstellen, dass es für das Kind sinnvoll ist, dass Herkunftsfamilie und Pflegefamilie miteinander auskommen und sich gegenseitig akzeptieren.

Ihre Beziehung und Bindung können die leiblichen Eltern nun nur noch als Besuchseltern pflegen.

Weil sie keine »Kompletteltern« mehr sind, denken manche Eltern, sie seien gar keine Eltern mehr: »Man hat mir mein Kind fortgenommen. Also bin ich keine Mutter und kein Vater mehr.« Auch diese Position stimmt nicht mit der Realität überein, denn auch Eltern, die nie mit ihrem Kind gelebt haben, bleiben für immer die leiblichen Eltern. Und solche, die schon mit ihrem Kind zusammengelebt haben, verbindet die zurückliegende Zeit des gemeinsam gelebten Alltags.

Aber auch viele Herkunftseltern, die mit der Unterbringung in der Pflegefamilie einverstanden sind, können für sich nicht so richtig definieren, wofür sie gebraucht werden und was an Verantwortung sie ganz abgeben müssen.

BEISPIEL Kürzlich erzählte mir eine Herkunftsmutter, sie habe einmal beim Besuch ihrem Sohn sehr ins Gewissen geredet. Sie hat ihm erklärt, er solle sich in der Schule mehr anstrengen. Der Junge hätte geweint und sei in sein Zimmer gelaufen. Die Pflegemutter hätte mit ihr geschimpft und gesagt: »Wir kümmern uns schon um alles. Lassen Sie ihn doch in Ruhe!« Daraufhin habe sie ihren Sohn viele Jahre nicht mehr besucht. ■

Dies ist ein typischer Rollenkonflikt. Diese Mutter wollte ihren Sohn während des Kontakts hauptsächlich »erziehen« und sich wie eine gute, für die Schulleistungen ihres Sohnes verantwortliche Mutter benehmen. Dieses Verhalten passte jedoch nicht zu ihrer Rolle als Besuchsmutter, die nur etwa viermal im Jahr kam. Doch auch die Pflegemutter hätte besser zur Mutter sagen sollen: »Ich verstehe, dass Sie sich Sorgen machen und Ihrem Sohn zureden, aber Sie sind so selten da. Verbringen Sie die kurze Zeit lieber mit schönen Dingen!«

Immer wieder gibt es die eine oder andere Inkongruenz der elterlichen Aufgaben: Viele Eltern sind zum Beispiel weiterhin Personensorgeberechtigte, werden aber in wichtige Angelegenheiten des Kindes nicht einbezogen oder kaum informiert. Pflegeeltern sollten die rechtliche Elternschaft der Herkunftseltern achten und von sich aus sorgeberechtigte Eltern über medizinische und schulische Angelegenheiten informieren.

TIPP **Leibliche Eltern und Pflegeeltern benötigen ein schriftliches Übereinkommen, eine Art Anleitung, was ihre Aufgaben und Zuständigkeiten sind, wie sie ihre unterschiedlichen Elternschaften ausgestalten und sich gegenseitig im Interesse des Kindes unterstützen können.**

Rolle und Auftrag von »Besuchseltern«

Kontakte zwischen Herkunftseltern und Kindern haben, abhängig von der gemeinsamen Lebenszeit, die sie miteinander verbracht haben, einen unterschiedlichen Sinn und Zweck:

- Bei einem Kind, das zu seiner Herkunftsfamilie zurückkehren soll, dienen die Kontakte der Überbrückung und dem Erhalt der Beziehung. Diese Eltern sollten ihre Kinder sehr oft sehen und auch während des Kontakts Alltags- und Erziehungsverantwortung für sie übernehmen dürfen, etwa Schularbeiten nachschauen, schwimmen gehen.
- Gibt es hingegen keine Rückkehrperspektive, dann dienen Kontakte dazu, dass die Eltern die Entwicklung ihres Kindes verfolgen, an ihrem Leben Anteil nehmen und sich an ihrem Kind erfreuen können, so wie sonst Großeltern an ihren Enkelkindern. Diese Eltern kommen nicht in erster Linie, um ihr Kind zu »erziehen«. Dies ist Aufgabe der Jeden-Tag-Bezugspersonen.

TIPP **Die Eltern sollten die Besuchszeit als »Ausnahmezeit« vom Alltag besonders angenehm gestalten. Kind und Eltern können erzählen, was es in ihrem Leben Neues gibt. Beide könnten sich als Ritual angewöhnen, sich über freudige Ereignisse auszutauschen.**

Können Eltern sich nicht kongruent gemäß ihrer Position und Lebenssituation gegenüber ihrem Kind verhalten, sind Fachkräfte oder Pflegeeltern nötig, die dem Kind achtsam und wertschätzend »übersetzen« helfen, weshalb seine Eltern so sind, wie sie sind, und wie das möglicherweise komplizierte Verhalten der Eltern während der Kontakte einzuordnen ist. Hier die Worte einer Fachkraft, die einem zehnjährigen Jungen eine »Gebrauchsanleitung« für seinen Papa aufgeschrieben hat:

BEISPIEL »Dein Papa freut sich immer sehr, dich zu sehen. Gleichzeitig hat er für sich noch nicht klarbekommen, dass er schon lange nicht mehr mit dir zusammenlebt. Beim Besuch verhält er sich so, als wäre er dein einziger Papa. Du spürst, dass der Besuchstag eigentlich ein Ausnahmetag mit dem Papa ist. Dein Hauptleben führst du in der Pflegefamilie. Dein Papa hingegen tut immer noch so, als wäre dein Hauptleben mit ihm. Du brauchst dich davon nicht durcheinanderbringen zu lassen. So ist er nun mal. Ich sehe es so: Dein Papa ist ein Besuchspapa und du darfst in deiner Pflegefamilie ganz und gar zu Hause sein!« ■

Diese Beschreibung der Besuchssituation mit dem Vater wurde mit dem Jungen in einem ausführlichen Gespräch erläutert. Er wirkte seitdem vor und nach den Kontakten mit seinem Vater viel entspannter als zuvor.

Kontakte: Schwerstarbeit für Kinder und leibliche Eltern

Der Tag des Umgangs besteht weder für das Kind noch für die Eltern einfach nur aus Erfreulichem. Das Kind und die Mutter oder der Vater werden an diesem Tag an ihre Ausnahmesituation erinnert. Sie nehmen Kontakt miteinander auf und müssen wieder Abschied nehmen. Das Kind wird ganz konkret damit konfrontiert, eine Mutter und einen Vater zu haben, bei denen es nicht aufwächst.

Für die Eltern ist der Kontakt einerseits ein Tag der Freude, das Kind wiederzusehen, und zugleich kommen Schuld- und Minderwertigkeitsgefühle wieder ins Bewusstsein. Die Eltern erleben oftmals, dass das neue Zuhause ihres Kindes sehr viel schöner ist als alles, was sie bisher ihrem Kind bieten konnten. Manche würden gern selbst wie ein Kind bei der Pflege- oder Adoptivfamilie einziehen.

Andere leibliche Eltern bereuen und haben Schuldgefühle, dass sie ihr Kind fortgegeben haben. Es kann bei Kontakten schnell passieren, dass sie vom Kind »Verständnis« oder die »Erlaubnis« bekommen wollen, dass sie so gehandelt haben. Dies kann das Kind nicht leisten. Wenn derlei Erwartungen und Ansprüche nicht sortiert und geklärt werden, dann können die Kontakte für die Kinder verwirrend sein.

Eine große Hilfe für das Kind ist, wenn die Eltern für sich selbst und für das Kind Klarheit gewinnen können, wozu die Kontakte dienen. Hier die Ausführungen einer Mutter, die ihr Kind alle acht Wochen in der Dauerpflegefamilie hundert Kilometer entfernt besucht:

BEISPIEL »Du weißt ja, dass ich für dich keine Jeden-Tag-Mama sein kann und dass ich will, dass du bei deiner Pflegefamilie zu Hause bist. Ich bleibe trotzdem für immer deine Mama. Aber ich kann nur eine Besuchsmama sein. Der Besuchstag ist ein Ausnahmetag. Ich freue mich ganz doll auf dich und bin glücklich, dich zu sehen. Ich bin gespannt, was es bei dir Neues gibt. Du kannst merken, wie es mir so geht, und du erfährst Neues von mir. Danach heißt es wieder Abschied nehmen. Jeder von uns geht in sein Alltagsleben zurück: Du in dein Zuhause und ich nach Worms in meine Wohnung. An diesem Tag gibt es zum einen Freude über unser Wiedersehen und zugleich Kummer, weil unser Besuchstag daran erinnert, dass wir nicht zusammenwohnen können. Es ist gut, dass du Menschen hast, die dich lieb haben und die für dich da sind. Und ich habe dich auch sehr lieb.« ■

Wenn Herkunftseltern die Bindungen des Kindes an die Pflegefamilie achten können und sich gemäß der Lebensperspektive verhalten, die im Jugendamt erarbeitet wurde, so entlastet dies die Kinder sehr. Wenn sie sich darüber im Klaren sind, welche Teilbereiche von Elternschaft sie innehaben bzw. nicht mehr innehaben, und sich dementsprechend bei den Besuchen verhalten, helfen sie dem Kind, mit seinen zwei Familien besser leben zu lernen. Kinder, die noch nicht allzu lange von zu Hause fort sind, benötigen von ihren Herkunftseltern Klarheit, ob sie zurückkehren oder ob sie sich in der Pflegefamilie künftig zu Hause fühlen sollen.

Kinder in Pflegefamilien brauchen auch bei Dauerpflege von ihren Herkunftseltern Gewissheit, dass sie ihr Kind nicht vergessen haben. Sie brauchen Anrufe, Geschenke, Postkartengrüße. Leibliche Eltern sollten ihren Kindern Fotos, Briefe und Erinnerungen mit auf den Lebensweg geben.

Übernahme der Verantwortung für die Fremdplatzierung

Das Kind braucht – gerade wenn Kontakte gepflegt werden – die Übernahme der Verantwortung der Eltern für die Geschehnisse, die zur Fremdplatzierung geführt haben. Sonst geht es davon aus, es selbst trage die Schuld an der Trennung von den Eltern. Dazu brauchen die meisten leiblichen Eltern Beratung und Unterstützung. Sie sollten bereit sein, zu sich selbst und zu dem Kind sehr aufrichtig zu sein, auch schmerzliche Eigenanteile eingestehen und Worte finden, wie sie ihrem Kind die Situation – ohne Ausreden – erklären.

Jessikas Mutter hat in der Beratungsstelle einen Brief für ihre Tochter erarbeitet, den sie den Adoptiveltern überreicht, damit sie ihn zur Grundlage nehmen können, um mit Jessika über die Freigabe zur Adoption und über ihren Vater zu sprechen:

BEISPIEL »Meine liebe Jessikatochter,

ich will dir nun, da du schon so ein großes Mädchen bist, erklären, wie es dazu kam, dass ich den Namen deines Vaters nicht weiß. Du weißt ja schon, dass ich Drogen brauche. Inzwischen bekomme ich eine Ersatzdroge und es geht mir besser als vorher. Eine Ersatzdroge, das ist ein Medikament, das mich so beruhigt, dass ich keine echten Drogen mehr zu mir nehmen muss. Die echten Drogen sind eigentlich verboten. Um welche zu erhalten, benötigt man viel Geld. Wenn man sie genommen hat, ist man meistens ganz prima drauf und froh und sorglos. Und wenn die Wirkung dann nachlässt, ist man ganz elend dran, hat körperliche Schmerzen, ist ganz schlecht gestimmt und hat nichts anderes im Sinn, als wieder an die Drogen zu kommen, damit man wieder zur Ruhe kommt und entspannen kann. So geht das immer im Kreis.

Zu der Zeit, als du in meinem Bauch entstanden bist, habe ich ein unruhiges Leben geführt. Wenn ich Drogen genommen hatte und gut drauf war, sehnte ich mich nach Nähe und Liebe und kuschelte sehr schnell mit Freunden aus meiner Clique. Manchmal ging es mir auch ganz elend, weil ich dringend Drogen brauchte und kein Geld hatte. In diesem schlimmen Zustand war ich zu allem bereit. Ich hatte ja nichts gelernt, womit ich schnell viel Geld verdienen konnte. Also bot ich meinen Körper an, damit Männer sich Lust verschafften. Das heißt ›auf den Strich gehen‹ oder sich prostituieren. So schlug ich mich damals durch. Die Namen der Männer habe ich mir oft gar nicht sagen lassen oder schnell wieder vergessen. Und auch meine vielen Freunde von damals habe ich nur mit Vornamen gekannt und bald wieder aus den Augen verloren. So war ich schwanger und du bist in meinem Bauch gewachsen, aber ich konnte nicht mehr herausfinden, von wem ich dich empfangen hatte.

Zugleich war ich richtig glücklich, als ich merkte, dass du in meinem Bauch warst. Ich versuchte, weniger Drogen zu nehmen, weil die ja überhaupt nicht gut sind für ein Baby im Bauch. In erster Linie beschränkte ich mich auf Heroin, weil das nicht so gefährlich für Babys im Bauch ist wie viele andere Stoffe. Ich habe es – trotz meiner Liebe zu dir – nicht gepackt, ohne Heroin auszukommen. So musstest du, das weißt du ja schon, als kleines Baby nach deiner Geburt im Krankenhaus bleiben und einen Entzug machen. In dieser für dich schweren Zeit haben sich deine heutigen Eltern schon täglich im Krankenhaus um dich gekümmert.

Ich weiß, dass ich all das nicht wiedergutmachen kann: dass ich Drogen in der Schwangerschaft genommen habe und dass ich dir deinen Vater nicht nennen kann. In deinem Leben wird es immer diese Lücke geben. Ich stelle mir dies vor: Dein Vater muss ganz in Ordnung gewesen sein, denn du bist ein tolles Kind und hast viele Fähigkeiten. Vieles hast du dir bei deiner Mama und deinem Papa abgeschaut. Anderes hast du von mir. Und anderes hast du von deinem leiblichen Vater. Ich bin froh, dass du so liebe Eltern bekommen hast.« ■

Für manche Menschen mag es überraschend sein, dass es möglich ist, mit einem zehnjährigen Mädchen Themen wie Drogenabhängigkeit und Beschaffungsprostitution zu besprechen. Kann es dies schon verkraften? Doch es kann für ein Kind belastender sein, wenn die Erwachsenen diese Sachverhalte für sich behalten, denn wir können zwar die Informationen vor einem Kind zurückhalten, nicht aber die Gefühle, die mit diesem Wissen verbunden sind. Diese kommen beim Kind ungefiltert an. Die Gefühle, die dem Kind Rätsel aufgeben, können beunruhigender sein als die klare und mitfühlende Information über die schweren Ereignisse im Leben der leiblichen Mutter.

»Geheimnisse« ▸ Geheimnisse schaffen eine Trennlinie zwischen demjenigen, der etwas weiß, und demjenigen, der es nicht weiß. Manchmal ist eine solche Trennlinie erwünscht, zum Beispiel bei gesunden Geheimnissen und Grenzen. So soll ein Kind in der Regel nichts über die Sexualität seiner Eltern wissen. Oder Kollegen halten gegen einen Vorgesetzten zusammen. Geheimhaltung oder auch Lügen können notwendig und sinnvoll sein, wo eine Trennlinie erforderlich ist und kein Vertrauensverhältnis besteht. Belügen hingegen Erwachsene ihre Kinder, so schwächen sie damit fast immer das Vertrauensverhältnis. Aufrichtigkeit hingegen stärkt das Vertrauen von Kindern in ihre Eltern. ◂

Für alle Kinder ist es entlastend, wenn ihre Eltern bei Kontakten hin und wieder darüber sprechen, weshalb das Kind nicht in der Ursprungsfamilie bleiben konnte. Auch ist es hilfreich, wenn Kinder wissen, dass es Eltern später schwerer gelingt, Elternschaft zu übernehmen, wenn sie selbst als Kinder nicht genügend elterlichen Schutz und elterliche Fürsorge erhalten haben.

BEISPIEL Eine junge Mutter, die ihr Kind in einer offenen Adoption zweimal jährlich besucht, konnte dies für ihr Kind so in Worte fassen: »Ich habe selbst so viel Schlimmes als Kind erlebt, dass ich Angst hatte, dir auch wieder Schlimmes anzutun, wenn ich Tag und Nacht mit dir allein bin. Ich wusste, dass ich nicht genug Kraft habe, gleichmäßig eine gute Mama zu sein. Ich brauche selbst noch so viel für mich. Deshalb habe ich entschieden, dass du deine heutigen Eltern bekommen hast, die das besser können als ich.«

Wenn Eltern die Verantwortung nicht übernehmen können

Die meisten Herkunftseltern haben selbst komplizierte Lebensbedingungen, viel Verwirrung und Stress. Viele von ihnen können keinen Beitrag für eine positive Gestaltung der Kontakte leisten. Manche Väter und Mütter haben sich an ihren Kindern unwiederbringlich schuldig gemacht: Sie haben sie sexuell missbraucht oder vor Übergriffen nicht geschützt. Manche haben ihre Kinder seelisch und körperlich misshandelt und traumatisiert. Kontakte müssen hier im Interesse des Kindes ausgesetzt werden (siehe Kapitel 9).

Manche Herkunftseltern sehen die »Schuld« für die Fremdplatzierung bei anderen: beim Jugendamt, beim Partner, bei Nachbarn oder Lehrerinnen, die ihnen ein Unrecht zugefügt haben. Andere Herkunftseltern, die ihren Kindern Furchtbares angetan haben, haben nicht die Kraft dazu, die Fähigkeit und Bereitschaft, sich ihrer Verantwortung gegenüber dem Kind zu stellen. Zu heftig würden sie von Schuldgefühlen oder Selbsthass überwältigt. Sie schützen sich vor ihrer Verzweiflung und Reue. Es sind oftmals jahrelange Prozesse, bis Herkunftseltern ihr Versagen sich selbst und auch noch dem Kind gegenüber zugeben können.

Was Kinder entlasten kann, ist, wenn die Mutter oder der Vater in einem Brief bereit ist, für die furchtbaren Geschehnisse die Verantwortung zu übernehmen und Reue zu zeigen. Dies schließt auch ein, dass das Kind die Erlaubnis bekommt, sich von diesem Elternteil zurückzuziehen, und der Elternteil ausspricht, dass das Geschehene nie mehr wiedergutgemacht werden kann.

BEISPIEL Hier der Auszug aus dem Brief eines Vaters, der die Mutter des Kindes im Affekt unter Alkoholeinfluss getötet hat: »Ich habe dir die Mutter genommen, das kann ich nie mehr ungeschehen machen. Das Furchtbare, was ich deiner Mutter und dir angetan habe, wird immer zwischen uns stehen.«

Das Kind dieses Vaters benötigt von Fachkräften sowie von seinem Pflegevater oder seiner Pflegemutter viele Hilfen beim Einordnen der Katastrophe in sein Leben: »Wenn das mein Papa wäre, dann hätte ich zwei ganz verschiedene Gefühle, die würden in mir miteinander streiten. Auf der einen Seite hätte ich ihn immer noch lieb, weil er mein Papa von früher ist. Und weil er bereut, was er getan hat. Auf der anderen Seite wäre da ein Entsetzen und riesengroße Trauer über das, was der Papa getan hat. Beide Gefühle dürfen sein. Einerseits hat dein Papa liebe Seiten, darum hat deine Mama ihn sich ausgesucht. Andererseits kann Papas schlimme Tat nie mehr ungeschehen gemacht werden.« ■

»Wahrheit« ▸ Manche Menschen haben Sorgen, wenn Kinder von solch schweren Geschehnissen überhaupt erfahren, könnten sie dies vielleicht nicht verarbeiten. Mein Buch *Wie viel Wahrheit braucht mein Kind?* widmet sich diesen Fragen und gibt Antworten. In meiner langjährigen Beratungsarbeit mit Familien habe ich immer wieder die Bestätigung erhalten: Kinder können schwere Fakten und Sachverhalte in ihr Leben einbauen – oftmals bereitwilliger als Erwachsene. Ob und wie Kinder die Wahrheit »vertragen«, hängt allerdings entscheidend davon ab, ob die Erwachsenen mit dem Schmerz und den Konflikten umgehen können, die mit dieser Wahrheit verbunden sind. Deshalb ist die innere Haltung der Erwachsenen eine so wichtige Voraussetzung. ◂

Warum manche Herkunftseltern sich ganz zurückziehen

Manche Herkunftseltern ziehen sich ganz zurück, weil sie sich unterlegen und minderwertig fühlen gegenüber den Pflegeeltern, die schließlich als die »besseren Eltern« vom Jugendamt eingesetzt wurden. Oder sie versprechen einen Besuchskontakt, und wenn der Termin näher kommt, sind sie so niedergeschlagen, dass sie ihn ausfallen lassen. In ihnen kämpfen viele widerstreitende Gefühle. Jeder Kontakt mit dem Kind bedeutet für diese Eltern, den Schmerz der Trennung wieder zu beleben und vorgeführt zu bekommen, dass dort Eltern sind, die in der Lage sind, dem Kind das zu geben, was sie auch selbst gerne hätten geben wollen, aber nicht geben konnten. Zudem treffen sie manchmal auf Pflegeeltern, bei denen sie spüren, dass ihr Besuch nicht erwünscht ist (siehe Kapitel 9).

Natürlich gibt es auch Eltern, die den Besuchen fernbleiben, weil sie zu stark mit sich und ihren oft kritischen Lebensereignissen beschäftigt sind. Ihr Leben ist häufig von Brüchen und Neuanfängen gekennzeichnet. So schaffen sie es nicht, die Kontinuität einer Besuchselternschaft zu übernehmen. Sie können sich auch nicht vorstellen, dass sie von ihrem Kind vermisst werden. Sie wissen, dass es ihrem Kind an nichts mangelt. Sind dann erst einmal längere Zeitabschnitte verstrichen, kommen Scham und Schuldgefühle hinzu. Die Hürde, sich wieder zu melden, erhöht sich.

Ich kenne viele Pflegeeltern, die enttäuscht sind von den leiblichen Eltern ihrer Kinder, wenn diese fortbleiben. Auch hier betrifft dies in erster Linie das Fortbleiben von Müttern, das Wegbleiben von Vätern wird akzeptiert. Auch hier sollten Pflegeeltern einen souveränen »inneren Standort« beziehen, um dem Pflegekind zu helfen. Oftmals verbünden sich die Pflegeeltern in erster Linie mit dem Schmerz des Kindes und werden wütend oder ärgerlich auf die leiblichen Eltern. Die für das Kind hilfreiche innere Haltung der Pflegeeltern könnte stattdessen lauten: *Ich will der leiblichen Mutter nicht böse sein, dass wir uns nicht auf sie verlassen können. Hätte sie keine Schwierigkeiten, wäre dieses Kind nicht bei uns. Ich kann dem Kind seinen Kummer nicht abnehmen, aber ich kann für es da sein.*

Dem Kind gegenüber kann die Pflegemutter von diesem inneren Standort aus folgende Gedanken ausführen:

BEISPIEL »Deine Mama ist ja nun sehr lange nicht mehr gekommen und hat sich auch am Telefon nicht gemeldet. Ich an deiner Stelle wäre vielleicht wütend, ärgerlich oder traurig. Weißt du, was ich glaube? Deine Mama hat dich überhaupt nicht vergessen. Sie nimmt sich vielleicht immer wieder vor, endlich wieder anzurufen. Aber dann schiebt sie es vor sich her, weil sie sich schämt und weil es ihr wehtut, dass sie ihr Kind hergegeben hat. Und dann läuft sie innerlich vor diesen Gefühlen davon und meldet sich wieder nicht. Je mehr Zeit verstreicht, umso schlechter ist ihr Gewissen. Und dann schiebt sie es wieder vor sich her, hier anzurufen.

Es liegt nicht an dir, wenn deine Mama nicht anruft, sondern an ihren Problemen, die sie mit sich selbst hat. Das sind ähnliche Probleme wie die, wegen denen du nicht bei ihr bleiben konntest. Vielleicht tut es ihr auch weh, dass sie, wenn sie dich gesehen hat, wieder gehen muss. Ich bin deiner Mama nicht böse und ich kann auch gut verstehen, wie sehr du auf eine Nachricht von ihr wartest.« ■

Manche Pflegeeltern sind unsicher, ob sie den Müttern schreiben oder ihnen »hinterhertelefonieren« sollen. Diese Entscheidung muss immer gut abgewogen werden. Manchmal kann es angemessen sein, den Rückzug zu akzeptieren.

Häufig jedoch hilft es Müttern, wenn ein Schreiben von den Pflegeeltern kommt. Ein solcher Brief ist allerdings nur dann hilfreich, wenn er keine Vorwürfe enthält: »Sie sollen wissen, dass Sie auch nach längerer Zeit sehr willkommen sind und wir uns freuen, wenn Sie mal wieder bei uns anrufen!«

*»Gestern, als ich mein Gesicht im Spiegel ansah, begann ich plötzlich zu weinen. Ich weinte stundenlang und musste immer wieder tief seufzen, während dicke Tränen meine Wangen hinunterliefen und auf den Boden tropften. Mir kam es so vor, als würden alle Gefühle, die ich jemals gehabt habe, weil ich adoptiert bin, plötzlich an die Oberfläche kommen und mich überschwemmen – Gefühle von Schmerz, Traurigkeit, Ablehnung, Verlassenheit, Einsamkeit, Schuld, Scham und große Selbstzweifel. Wenn man selbst nicht adoptiert ist, kann man sich gar nicht vorstellen, wie das ist …« (**Dean** 1995, S. 38)*

Viele Pflege- und Adoptivkinder sind erfolgreich in der Schule, haben Freundschaften, haben Lebensfreude und -energie wie alle Kinder! Und dennoch befassen sie sich mehr oder weniger intensiv, mehr oder weniger offen mit der Tatsache, dass sie in einer Familie leben, der sie sich zugehörig fühlen, und dass es »Eltern« gibt, von denen sie gezeugt, ausgetragen, geboren und fortgegeben wurden.

Viele Kinder erleben das »Fortgegebensein« als persönliche Zurückweisung. Waren sie nicht erwünscht? Sie fragen sich: Bin *ich* schuld daran? Kleine Kinder von fünf Jahren haben zu mir wiederholt gesagt: »Ich frage mich, was an mir nicht richtig war, dass meine erste Mama mich nicht wollte.« Oder: »Was habe ich falsch gemacht?« Die Fortgabe durch die leiblichen Eltern wird von einigen als ein großes Nein empfunden, und diese Kinder und Jugendlichen sind in Gefahr, auch Nein zu sich selbst zu sagen. Auch wenn die annehmenden Eltern versuchen, diesem Nein ein großes Ja entgegenzusetzen, ein »Ja, dafür wollten wir dich doch«, so kann dies den Schmerz nicht aufheben.

Andere Kinder wollen ihre annehmenden Eltern schützen. Sie wollen, dass sich alle als ganz »normale« Familie fühlen können. Und da haben die Themen über das Fortgegebensein keinen Platz.

BEISPIEL So war es auch bei einer heute beruflich erfolgreichen dreißigjährigen Adoptierten, die inzwischen ihre leiblichen Eltern getroffen und ihren Standort ihnen gegenüber bestimmt hat: »Obwohl ich in meiner Adoptivfamilie glücklich war, hatte ich ein Unbehagen, ein ungutes Gefühl, das ich nicht haben wollte. Es war von klein an in mir und ist bis heute mein innerer Begleiter. Heute weiß ich einen Namen für dieses Gefühl: der Schmerz, von meinen Eltern nicht gewollt zu sein. Und die Angst, erneut abgelehnt zu werden.« ■

Wie können annehmende Eltern dem Schmerz des Kindes begegnen?

Pflege- und Adoptiveltern haben unendlich viele Möglichkeiten, ihre angenommenen Kinder wirkungsvoll zu stärken, wenn sie die Augen nicht vor den spezifischen Themen der Kinder verschließen. Manche Menschen können sich nur schwer vorstellen, dass ein angenommenes Kind zugleich beides empfinden kann: Geborgenheit, Liebe und Glücklichfühlen in seiner seelisch-sozialen Familie wie auch Kummer, von der leiblichen Familie getrennt zu sein.

BEISPIEL Die sechsjährige Pia spielt mit ihrer annehmenden Mutter regelmäßig »Geburt«. Sie legt sich auf ihre Mama, diese deckt eine bestimmte Kuscheldecke über sie und dann krabbelt sie darunter hervor. Pia sagt immer wieder: »Ich wäre zu gern in deinem Bauch gewachsen!« Die Adoptivmutter antwortet dann: »Ich hätte dich auch so gern in meinem Bauch gehabt.« Der Adoptivvater sagt: »Auch ohne in Mamas Bauch gewachsen zu sein, bleibst du für immer unser Kind, und wir sind deine Familie.« ■

Vielen Kindern in Pflege- und Adoptivfamilien geht es wie Pia. Mit dem Wunsch, aus dem Bauch der annehmenden Mutter zu kommen, können gleich mehrere Anliegen verbunden sein:

- Wäre sie im Bauch der annehmenden Mutter gewachsen, dann wäre ihre Welt in Ordnung. Pia will dem Schmerz entkommen, von ihrer ersten Mutter weggegeben worden zu sein.
- Möglicherweise spürt Pia auch den zurückliegenden Schmerz ihrer Adoptivmutter, dass kein Kind in ihrem Bauch wachsen konnte. Sie will so zur Heilung dieser Verwundung beitragen.
- Vielleicht empfindet sie es als Mangel, dass sie nicht das leibliche Kind ihrer Adoptiveltern ist. Hätten diese nicht lieber ein »eigenes« Kind gehabt? Ist sie nicht ein Kind zweiter Wahl?
- Die Antwort der Adoptivmutter: »Ich hätte dich auch so gern in meinem Bauch gehabt«, bestärkt Pia in ihrem Gefühl, dass beide ein Defizit zu beklagen haben. Die Antwort des Adoptivvaters beruhigt zwar, geht aber nicht auf das Gefühlsdurcheinander des Kindes ein. Er setzt der von Pia gefühlten Zurückweisung durch ihre erste Mutter ein deutliches »Ja, dafür gehörst du zu uns« entgegen. Doch die Fortgabe durch ihre leibliche Mama macht Pia untröstlich.

Den Schmerz über den Verlust der leiblichen Eltern wahrzunehmen und anzuerkennen bedeutet in keiner Weise eine

Minderung der Qualität der emotional-sozialen Eltern-Kind-Beziehung! Im Gegenteil: Wenn annehmende Eltern den Kummer des Kindes mit ihm teilen, dann festigt und fördert dies das Band und das Vertrauen zwischen ihnen. Die Lösung heißt nicht: Wir sind glücklich miteinander, also darf es keinen Kummer geben. Sondern: Wir können aus tiefstem Herzen glücklich miteinander sein, weil wir auch der Trauer einen Platz geben.

BEISPIEL Die annehmenden Eltern von Pia erarbeiteten in der Beratung folgende innere Haltung: *Ich bin froh, dass du von deiner ersten Mutter und deinem ersten Vater gezeugt und geboren worden bist. Wärst du in meinem Bauch gewachsen, wärst du nicht du, sondern ein anderes Kind. So, wie du bist, habe ich dich lieb.*

Wenn Pia wieder Geburt spielen wollte, dann erklärte die Adoptivmutter: »Ich will heute nicht spielen, dass ich dich geboren hätte. Denn ich bin froh, dass die Susanna dich geboren hat, und durch Susanna und Peter, deinen leiblichen Vater, bist du zu der Pia geworden, die du bist. Und so, wie du bist, haben wir dich lieb. Du bist in unserem Herzen gewachsen.« ■

■ ■ ■ Frühzeitige Aufklärung für angenommene Kinder

Das innere Bild, das Pflege- und Adoptivkinder von ihren Herkunftseltern in sich tragen, wird sehr stark beeinflusst von der Art, wie die sozialen Eltern das Kind über die Realität informieren, dass es im Bauch einer ersten Mutter und nicht im Bauch der Adoptiv- oder Pflegemutter gewachsen ist.

Das Kind benötigt diese wesentliche Information über sein Leben von Anfang an, damit sein Vertrauen zu den Eltern gestärkt wird. Erfährt das Kind erst später von seiner besonderen Situation, so kann dies zwischen annehmenden Eltern und Kind treten.

Je früher diese Information erfolgt, desto besser können Kinder diese Realität für sich akzeptieren. Kleine Kinder können ungewöhnliche Realitäten selbstverständlicher in ihr Leben einbauen, auch weil sie sich der Tragweite noch nicht bewusst sind.

Wenn kleine Kinder von ihrer besonderen Situation erfahren, zweifeln manche an der Berechtigung, ihre sozialen Eltern lieben zu dürfen. Wenn sie von ihren emotionalen Eltern die Zusicherung erhalten, dass sie immer die Eltern des Kindes bleiben werden und als Familie zusammengehören, sind diese kleinen Kinder beruhigt.

Manche annehmenden Eltern glauben, sie sollten warten, bis das Kind die entscheidenden Fragen stellt, zum Beispiel: »War ich auch in deinem Bauch?« Doch diese Erwachsenen verlagern zu viel Verantwortung auf das Kind! Das Kind benötigt den ersten Schritt von den Erwachsenen, noch bevor es solche Fragen stellen kann. Auch fragen nicht alle Kinder nach. Die ungewöhnliche Familienbildung liegt für manche Kinder gar nicht im Bereich des Erfragbaren.

Hin und wieder erlebe ich, dass eine leibliche Mutter bei Besuchskontakten mit ihrem Kind zusammentrifft, aber die Erwachsenen haben dem Kind von drei, vier Jahren noch gar nicht erklärt, dass es sich bei der Besucherin um die leibliche Mutter handelt. Diese wird beim Vornamen genannt und wirkt auf das Kind wie eine Bekannte der Familie. Bei den Erwachsenen steckt hier meist die Sorge dahinter, das Kind könne seine Situation noch nicht »verkraften«. Sie wollen es eigentlich davor beschützen, dass es mit seiner Realität, von der Mutter fortgegeben zu sein, konfrontiert wird.

Solche Ängste und Schutzgedanken sind verständlich. Doch sie verunsichern das Kind. Denn es registriert die Gefühle der Erwachsenen. Es weiß längst, dass dieser Besuch etwas Besonderes ist. Es wird verwirrt und verlernt, seinen Wahrnehmungen zu vertrauen. Niemand kann dem Kind den Kummer ersparen, von Mutter und Vater getrennt zu leben. Die verträglichste Art und Weise, damit leben zu lernen, ist die frühestmögliche Information und damit die Chance, das Ungewöhnliche als zum Leben dazugehörig anzunehmen.

Um sich ein inneres Bild von seiner Mutter und seinem Vater zu machen, hilft es, wenn dem Kind von Anbeginn Fotos der Herkunftsfamilie ins Fotoalbum geklebt werden. Gibt es keine Fotos, so können Bilder gemalt werden. Auch die Gründe, weshalb das Kind nicht in seiner leiblichen Familie lebt, sollten dem Kind früh vermittelt werden. Viele Adoptiveltern feiern neben dem Geburtstag den Tag, an dem das Kind in die Familie kam. So geht das Thema nicht wieder verloren.

Jede annehmende Familie sollte die spezifische Geschichte ihres angenommenen Kindes in kindgerechten Worten aufschreiben, mit Bildern versehen (gemalt oder fotografiert) und hin und wieder vorlesen, schon bevor das Kind alles verstehen kann. So gewöhnen sich Erwachsene und Kinder an die wiederkehrenden Worte.

Hier in Kürze die unverzichtbaren Elemente der allerersten frühen Geschichte. Es handelt sich jeweils nur um kleine Textbausteine. Selbstverständlich sollten annehmende Eltern konkrete Darstellungen der speziellen Situation ihres Kindes wählen:

Begriff bzw. Namen finden:

Wie wollen Sie die leiblichen Eltern nennen? Wichtig ist, dass nicht von »zwei Mamas« oder »zwei Papas« gesprochen wird. Dies verwirrt das Kind, da es große Gefühlsunterschiede zwischen den Eltern gibt, bei denen es lebt, und denen, die ihm das Leben gaben. Die Kombination: Vorname und Mama, wie Ute-Mama, ist sehr beliebt. Auch der Ausdruck »erste Mama und erster Papa« ist treffend. Andere annehmenden Eltern sprechen von Bauchmama und Bauchpapa. Eine mir bekannte Pflegemutter betont: »Wir sagen nicht leibliche Mutter oder Herkunftsvater oder gar: die Frau, die dich geboren hat. Wir sprechen einfach von Mutter und Vater!«

Wie entsteht ein Kind?

»Damit ein Baby im Bauch einer Mutter wachsen kann, braucht es immer einen Mann und eine Frau.«

»Du hast einen ersten Vater und eine erste Mutter, die dir das Leben gegeben haben.«

Von wem hat das Kind seinen Namen?

»Deinen Namen Bianca hast du von deiner ersten Mama erhalten. Wir haben dir den Namen Samantha dazugegeben.«

Warum musste das Kind fort?

»Keine Mama (kein Papa) gibt ihr (sein) Kind leichten Herzens her. Es lag an ihren Problemen mit sich selbst oder mit ihrer Familie. Es lag nicht an dir, dass du fortmusstest.«

»Es gibt Mamas und Papas, die haben nicht gelernt, einem Kind all das zu geben, was es braucht.«

Entbindung und Beauftragung durch die leiblichen Eltern:

»Deine Mutter wusste, dass sie nicht genug Kraft für ein Kind hatte. Sie wollte, dass du neue Eltern bekommst, die dich lieb haben und Tag und Nacht für dich da sein können.«

Wenn Eltern das Kind nicht freiwillig beauftragt haben:
»Manche dieser Mamas und Papas merken selbst nicht, dass sie nicht genug Kraft haben, für ihr Kind das Notwendige zu tun. Es gibt eine Behörde, das Jugendamt, die achtet darauf, dass Kinder bei ihren Eltern bekommen, was sie brauchen. Deine Mutter wusste nicht, wie das geht, für ein Kind Tag und Nacht da zu sein. Sie hätte dich gern bei sich behalten. Das Jugendamt hat bestimmt, dass du zu einer anderen Familie kommst. Du darfst dort zu Hause sein.«

Die Bewältigung des Fortgegebenseins – ein lebenslanger Prozess

Manche Kinder führen ein regelrechtes Doppelleben. Sie fühlen sich einerseits uneingeschränkt als Kind der Adoptiv- oder Pflegeeltern, andererseits haben sie ein geheimes Sehnen nach der leiblichen Mutter. Die Sehnsucht nach dem Vater meldet sich oft erst später. Hier spiegelt sich die gesellschaftliche Rollenverteilung: Vätern wird gestattet, sich von ihren Kindern zu lösen, ohne Verantwortung für sie zu übernehmen. Müttern wird dies nicht erlaubt.

Die Idealisierung der Herkunftseltern

Manche Kinder, gerade jene, die schon mit ihren Eltern zusammengelebt haben, erträumen sich ihre Herkunftsfamilie als heile Familie und möchten wieder mit ihr verbunden sein. Andere Kinder idealisieren ihre leiblichen Eltern und bemühen sich, die Realität, von den Eltern verlassen worden zu sein, nicht in ihr Bewusstsein dringen zu lassen, um sich vor dem Schmerz zu schützen.

Gerade Pflegekinder verklären häufig ihre leiblichen Eltern und wollen deren Problemseiten nicht wahrhaben. Sie schützen sich damit auch vor dem Gefühl, das Kind schlechter Eltern und damit selbst auch schlecht zu sein (siehe Kapitel 5). Die Idealisierung der vermissten Mutter soll dem Trost dienen. Manchmal berichten Kinder schöne Ereignisse mit ihren Eltern, von denen die Pflegeeltern wissen, dass sie so nicht gewesen sein können. Pflegeeltern sollten hier das Kind nicht der Lüge bezichtigen, sondern die Beweggründe anerkennen: »Ich kann verstehen, dass du dich nach deiner Mama sehnst.«

Hin und wieder habe ich erlebt, dass Kinder oder Jugendliche in ihrem Herzen und in ihren Gedanken langfristig einen Platz für ihre leibliche Mutter oder ihren leiblichen Vater freihalten. Haben solche Kinder oder Jugendliche Besuchskontakte zu ihren leiblichen Eltern, dann kommen sie manchmal zu ihren Pflegeeltern (bei offener Adoption zu ihren Adoptiveltern) zurück und verkünden: »Meine Mutter (meinen Vater) habe ich auf ganz andere Weise lieb als euch. Lieber würde ich für immer mit ihr (mit ihm) zusammenwohnen!«

Ich habe schon erlebt, dass enttäuschte Pflegeeltern zusammen mit den Fachkräften des Jugendamtes im Fall eines neunjährigen Mädchens entschieden, es solle tatsächlich bei der Mutter einziehen, obwohl es keine reale Basis für eine Rückkehr in die Herkunftsfamilie gab. Sie wollten dem Mädchen letztlich »eine Lektion« erteilen. Sie wussten, dass das Vorhaben scheitern würde. Von einer solchen Intervention kann ich im Kindesalter nur abraten! Das Mädchen kehrte zwar verzweifelt zu seinen Pflegeeltern zurück, doch das Vertrauen in seine Pflegeeltern hatte gelitten. Das Mädchen fühlte sich »hereingelegt«.

Erwachsene müssen an sich arbeiten, um sich von dem Sehnen nach den leiblichen Eltern und der Trauer der Kinder, nicht bei diesen leben zu können, nicht verunsichern zu lassen. Sie sollten ihr Beziehungs- und Bindungsangebot aufrechterhalten und dem Kind sein Sehnen nach der leiblichen Mutter (dem leiblichen Vater) innerlich erlauben. Die Liebe des Kindes zu seinen Pflegeeltern wächst, wenn diese sein Sehnen anerkennen. Wenn das Kind nach dem Kontakt mit den leiblichen Eltern kundtut, dass es diese lieber mag als die Pflegeeltern, so wird die Antwort von innerlich sicheren und festen Pflegeeltern etwa lauten: »Deine Mutter und dein Vater bleiben für dich vielleicht für immer die Nummer Eins in deinem Leben. Das ist in Ordnung so. Es tut uns Leid, dass du nicht bei ihnen wohnen kannst.«

Im Jugendalter kann eine solche Entscheidung wieder anders aussehen. Ich kenne so manchen Jungen und so manches Mädchen, das mit 15, 16, 17 Jahren oder nach der Volljährigkeit nicht mehr zu halten ist, bei den leiblichen Eltern einzuziehen. Nun ist es zumutbar, dass sie ihre eigenen Erfahrungen mit ihren leiblichen Eltern sammeln. Sie wollen oftmals ihren Eltern helfen, sie wollen mit ihnen gemeinsam eine heile Welt aufbauen. Viele dieser jungen Menschen verweilen nicht sehr lange bei ihren leiblichen Eltern und es beginnt eine schmerzhafte Ablösungsphase. Andere wenige verweilen tatsächlich für einige Jahre bei Mutter oder Vater und entwickeln – manchmal auch mit fachlicher Hilfe von außen – mit diesen eine zufriedenstellende Beziehung. Hilfreich ist es für die meisten dieser jungen Menschen, wenn die Beziehung zu ihren Pflegeeltern nicht abreißt. Die jungen Menschen können dann die Erfahrung machen, dass sie zwei Familien in ihr Leben integrieren dürfen und können. Dies ist ihre Lebensrealität.

In dem Kinderbuch *Die unglaubliche Geschichte der Tracy Baker* von J. Wilson wird die Idealisierung der Mutter sehr fein beschrieben. Die zehnjährige Tracy im Kinderheim beobachtet ein anderes Mädchen, das vergeblich auf seinen Vater wartet:

»Immer wenn ich zu ihr hinschaute, zog sich mein Bauch zusammen. Ich wusste, wie es war. So bin ich auch mal dagesessen. Nicht nur hier. So habe ich schon bei meinen beiden lausigen Pflegefamilien gewartet. Und in den Kinderheimen dazwischen. Ich wartete auf meine Mama.

Aber jetzt habe ich mich im Griff. Kein blödes Herumgesitze mehr für mich. Weil meine Mama sicher viel zu weit weg ist, um mal eben schnell vorbeizukommen. Ja, das ist es. Wahrscheinlich ist sie im Ausland. Sie ist immer gern verreist.

Vielleicht ist sie in Frankreich. Oder Spanien. Sie mag Sonnenschein. Was erzähle ich denn da? Sie ist natürlich in Amerika. Vielleicht ist sie in Hollywood. Meine Mama sieht so toll aus, dass sie dort gleich ein Filmstar geworden ist. Man kann nicht einfach in einen Bus steigen und seine Tochter besuchen, wenn man hunderte und tausende von Kilometern weg in Hollywood lebt, nicht wahr? Trotzdem. Auch wenn ich nicht herumsitze und warte, kribbelt es jedes Mal in meinem Bauch, wenn jemand an die Tür klopft. Ich halte die Luft an und warte ab, wer es ist. Für alle Fälle ...« (Wilson 2003, S. 76 ff.)

Niemand der Erwachsenen in diesem Kinderbuch tritt in Konkurrenz zu Tracys großer Liebe zu ihrer Mama. Sowohl die Bezugspersonen im Kinderheim als auch Tracys neue Pflegemutter achten Tracys Treue und Sehnsucht zur Mutter und bauen unabhängige Beziehungen zu Tracy auf. Kinder und Erwachsene können übrigens mehrere Menschen auf unterschiedliche Weise in ihr Herz schließen.

Manche Kinder wechseln zwischen verschiedenen Strategien, sich des Schmerzes zu erwehren. Mal stellen sie sich vor, mit ihren Müttern wieder in Liebe vereint zu sein. Dann wieder malen sie sich aus, wie sie sich rächen werden und wie sie ihnen irgendwann eine Zurückweisung erteilen.

Mit diesen Eltern will ich nie mehr etwas zu tun haben. Sie wollten mich ja nicht. Nun will ich sie nicht, beschließen manche jungen Menschen. In diesem Fall sind sie nicht mehr die Ausgelieferten. Sie sehen eine Chance, ihre Ohnmacht in Macht und Handlungsfähigkeit umzuwandeln.

Solange Menschen, die adoptiert wurden oder in Pflege aufgewachsen sind, ihre leiblichen Eltern ablehnen, hassen, wegen diesen verzweifelt und wütend sind, so lange besteht zum einen die Gefahr, dass sie sich selbst – als Teil dieser Eltern – ebenfalls ganz oder teilweise ablehnen. Zum anderen stehen negative, destruktive Gefühle im Weg, statt mit sich selbst und anderen einverstanden und verbunden zu sein.

Innere Akzeptanz der besonderen Lebenssituation

Am besten können jene Kinder, Jugendlichen und jungen Erwachsenen ihr Getrenntsein von den Eltern bewältigen, die diese Realität, wie auch immer, in ihr Leben einbauen können. Hierbei sind die Bezugspersonen Modelle. Wenn sie selbst die leiblichen Eltern achten, dann können auch die Kinder oft früher und besser den inneren Weg der Akzeptanz gehen.

Die fünfjährige Patrizia erklärte: »Wenn ich groß bin, dann bekomme ich ein Baby, und dieses Baby gebe ich auch ab und ich bringe es zu meiner Pflegemama.« Dieses junge Kind versucht auf geniale Weise, die Realität des Fortgegebenseins für sich als selbstverständlich anzunehmen. Eine solche Haltung bleibt natürlich oft nicht konstant, aber sie zeigt die Bereitschaft von so manchem fortgegebenen Kind, seine besondere Lebenssituation zu akzeptieren. Hier spielt die psychische Widerstandsfähigkeit (»Resilienz«) des Kindes eine große Rolle (siehe Kapitel 6).

Hier die Worte eines 16-jährigen Jungen: »Das ist in Ordnung, dass meine Mutter mich nicht behalten hat. Sie hat mir so eine schönere Kindheit ermöglicht, als sie selbst mir hätte bieten können. Ich trage ihr nichts nach.«

Der wirksamste Weg, mit dem Kummer des Sichverstoßen-Fühlens fertig zu werden, ist das Verstehen, weshalb die leiblichen Eltern sich gezwungen sahen, sich von ihrem Kind zu trennen.

Beeindruckend ist hier der Dokumentarfilm über die »Ahnenforschung« der Marie-Luise Marjan. Erst nachdem sie als 67-Jährige entdeckt, dass ihre Mutter selbst als Kind im Waisenhaus war, trägt sie ihr die Fortgabe nicht mehr nach: »Man kann dem lieben Gott nur danken. Die Ahnenforschung hat mir so viele neue Verwandte beschert. Und das Wichtigste: Ich habe meine leibliche Mutter immer innerlich abgelehnt, weil ich ihr Verhalten einfach nicht nachvollziehen konnte. Das hat sich jetzt geändert. Ich verzeihe ihr von ganzem Herzen.« (*Das Geheimnis meiner Familie* von Heike Schäfer, ARD 2008)

Heute können wir Kinder unterstützen, indem wir sie durch Biografiearbeit (siehe dazu Kapitel 8) in die Lage versetzen, ihre Ausnahmesituation früher zu verstehen und so besser anzunehmen.

*»Wer ständig damit beschäftigt ist, sich auf das Untergehen des Schiffes vorzubereiten, hat einfach keine Zeit, sich mit der Festlegung der Ziele einer Kreuzfahrt zu beschäftigen – auch wenn alle anderen ihm sagen, dass es darum jetzt eigentlich gehe.« (***Rech-Simon/Simon*** *2008, S. 65)*

Mögliche Folgen früher Verluste auf die Beziehung zu den annehmenden Eltern

Zunächst einmal verfügen glücklicherweise alle Kinder über ein genetisch vorprogrammiertes Bindungssystem. Jeder kleine Mensch hat ein immens starkes angeborenes Bedürfnis, sich an die Bezugspersonen zu binden, mit denen er zusammenlebt. Kinder sind also eigentlich hoch motiviert, sich auf ihre annehmenden Eltern einzulassen, sie zu lieben, von ihnen abhängig zu werden. Je jünger Kinder in Pflege- oder Adoptivfamilien kommen, desto stärker ist diese »Bindungsentschlossenheit«.

Urvertrauen oder Urmisstrauen?

Im ersten Lebensjahr entsteht in jedem Menschen Urvertrauen oder Urmisstrauen. Noch vor vierzig Jahren gingen Wissenschaftler davon aus, dass Säuglinge erst mit sieben bis neun Monaten ihre erste »Objektbeziehung« eingehen würden, vorher seien sie noch nicht auf ihre Bezugspersonen festgelegt. In diesem Alter stellt sich die erste, deutlich erlebbare Trennungsangst von Babys ein, das »Fremdeln« (»Achtmonatsangst«).

Inzwischen wissen wir: Säuglinge erkennen schon gleich nach der Geburt ihre Mütter am Geruch, an der Stimme, am Herzschlag usw. wieder (Dornes 1994). Sie sind bei einer Trennung von den vertrauten Bezugspersonen noch nicht in der Lage, ihren Protest unverzüglich anzumelden, ihre Unruhe ist jedoch deutlich registrierbar. Gerald Hüther zufolge erzeugt »nichts so viel unspezifische Erregung im Gehirn eines Kleinkindes wie das plötzliche Verschwinden der Mutter« (Heinrich 2008, S. 18). Und: Die frühe Verlusterfahrung wird gespeichert.

Die frühe Erfahrung, von den ersten Eltern getrennt worden zu sein, hat sich bei einigen Kindern tief eingeprägt. Sie führt bei ihnen zu der unbewussten Verunsicherung: *Vielleicht muss ich hier auch irgendwann wieder fort.* Bei ihrem Streben nach Bindung und Vertrauen kommt ihnen eine tief sitzende innere Angst in die Quere, ein mehr oder weniger starkes Misstrauen: Sobald sie sich sicher fühlen, wird in ihnen das Gefühl aktiviert, sie könnten von ihren Bezugspersonen – wie schon früher im Leben – wieder verlassen werden. Es könnte gefährlich sein, sich in Abhängigkeit zu begeben.

Autonomie oder Abhängigkeit?

Bei der kleinsten Kritik kann es vorkommen, dass ein Kind mit frühen Beziehungsabbrüchen sich einsam und vollständig verlassen fühlt. So wollen Kinder mit Bindungsangst nicht warten, bis die annehmenden Eltern ihnen die Eltern-Kind-Beziehung aufkündigen, und kommen ihnen immer wieder zuvor. Bei kleinen Alltagskonflikten erklären sie: »Ihr seid ja nicht meine richtigen Eltern, ihr habt mir nichts zu sagen«, oder sie raten: »Dann gebt mich doch ins Heim.« Gelingt es den Kindern, ihre Eltern durch diese »Angriffe« zu verunsichern, so kommt es besonders oft zu dieser offensiven »vorsorglichen Kündigung« des Eltern-Kind-Verhältnisses vonseiten der Kinder. Aber auch Kinder von Eltern, die sich nicht so leicht verunsichern lassen, testen hin und wieder, ob sie von ihren Eltern »gehalten« werden, wenn sie die Bindung strapazieren!

So führen viele Kinder, die früher schon Verluste erlebt haben, einen mehr oder weniger starken inneren Kampf zwischen ihrem Bindungsstreben und dem Bedürfnis, unabhängig zu sein und sich nicht zu stark an die Bindungsperson auszuliefern. Christel Rech-Simon und Fritz B. Simon sprechen vom Autonomie-Paradox: »Die kämpferische Strategie, sich seiner Autonomie zu vergewissern, ist risikoreich. Und tragischerweise hat sie oft fatale Folgen. Denn die Unterscheidung, ›entweder bin ich abhängig oder ich bin autonom‹, der sie zu folgen scheint, ist unrealistisch und wird den Lebensbedingungen des Menschen nicht gerecht. Denn der Mensch als soziales Wesen ist immer beides zugleich: abhängig und autonom.« (Rech-Simon/Simon 2008, S. 71)

Für manches »bindungsmisstrauische« Kind ist es befreiend, wenn es nicht mehr den dichten Ansprüchen seiner Familie ausgesetzt ist. Die Adoptivtochter im Buch *Du bist nicht meine Mutter* von Prune Berge schildert eine Ferienzeit, in der sie zum ersten Mal ohne ihre Adoptiveltern lebte: »... ich hatte zum ersten Mal das Gefühl, wirklich zu existieren, ich musste mich nicht mit Euch vergleichen, Euch ähnlich sein, um akzeptiert zu werden« (Berge 2005, S. 46).

»Attacken« auf das Bindungssystem – ein Liebesbeweis des Kindes

BEISPIEL Der vierjährige Paul kann gut Freundschaften im Kindergarten knüpfen und wirkt über Tage mit ein und demselben Jungen unzertrennlich. Doch wenn er am glücklichsten ist über die neue Freundschaft, fängt er an, den Jungen zu kritisieren, erklärt plötzlich: »Du hast heute doofe Haare« oder: »Du hast ein blödes Bild gemalt«. Oder er stellt ihm plötzlich ein Bein. Die Freunde lassen sich das nicht lange bieten. Der Pflegemutter tut dieses Verhalten weh und sie würde Paul so gern helfen, dass er nicht alle Freundschaften zerstört.

Paul fügt seinen Freunden Wechselbäder zu, die er vielleicht selbst als kleines Kind erlebt hat. Und er hat Verlustängste. Er kann nicht ertragen, wenn kontinuierliche Nähe zu einem anderen Kind entsteht. Er befürchtet, das andere Kind könnte sich von ihm abwenden. Also kündigt er vorsorglich die Freundschaft, damit es nicht zu wehtut, falls der andere Junge ihn verlässt.

Die Pflegemutter erlebt auch eine Parallele zu Hause. Manchmal fühlt sie sich von Paul beleidigt, weil er erklärt: »Du bist hässlich« oder: »Du hast einen doofen Mund«.

Gegenüber der Pflegemutter wendet Paul dieselbe Strategie an. Er hat Angst, sie wieder zu verlieren. Seine kleinen Angriffe enthalten die Botschaft: *Ich brauche Sicherheitsabstand. Ich beleidige dich, damit wir einander nicht so nah sind und es mir nicht zu weh tut, wenn du mich irgendwann verlässt.* ■

Manchmal sind Kinder innerlich bis an die Zähne bewaffnet. Wenn das Familienleben gerade besonders erfreulich ist, gehen sie »zum Angriff« über. Sind Kinder mit ihrem Versuch erfolgreich, die Bindungsperson »in die Flucht« zu schlagen, fühlen sie sich in ihrer Erwartung bestätigt: *Wegen dem bisschen sind die gegen mich und mögen mich nicht mehr.*

So kommt es darauf an, ob das Kind auf Eltern trifft, die ein sicheres Bindungsmuster in sich tragen, oder ob sich die Eltern schnell verletzen und entmutigen lassen. Studien weisen darauf hin, dass auch Kinder mit Abbrüchen und hohem Misstrauen bei Adoptiv- oder Pflegeeltern, die sich nicht verunsichern lassen, mit der Zeit Vertrauen und ein sicheres Bindungsverhalten entwickeln können. Bei Pflege- und Adoptiveltern hingegen, die selbst unsicher gebunden oder traumatisiert waren, halten Kinder meist ihre Desorganisation und Aggressivität aufrecht (Scheurer-Englisch 2008).

Viele Eltern neigen dazu, innerlich ihre Elternebene zu verlassen. Sie begeben sich auf die Stufe des Kindes und wollen von ihm Anerkennung und Liebe. Kinder haben ihre Eltern jedoch auch lieb, wenn sie es nicht zeigen. Es ist nützlich, wenn sich die Eltern nicht selbst auf die Ebene des Kindes begeben, sondern in der Elternrolle bleiben, das bedeutet, zwischen der Person des Kindes und dem, was es sagt bzw. tut, zu unterscheiden. Die Eltern dürfen sich nicht abhängig fühlen von der gezeigten oder nicht gezeigten Zuneigung des Kindes. Sie sollten sich durch die »Kündigungsversuche« ihres Kindes nicht verletzen lassen und ihr Bindungsangebot unerschütterlich aufrechterhalten. Sie sollten sich darüber klar werden: Wenn sich das Kind ihnen gegenüber beleidigend oder misstrauisch verhält, ist dies eigentlich ein Liebesbeweis.

BEISPIEL In den konkreten Situationen kann Pauls Pflegemutter folgendermaßen reagieren: Wenn Paul sagt: »Du bist hässlich«, kann sie antworten: »Ich mag dich übrigens.« Wenn Paul sagt:

»Du hast einen doofen Mund«, kann sie antworten: »Und dein Mund ist schön!« Diese oder ähnliche Reaktionen bedeuten, dass sie sich durch Pauls Angriffe auf das Bindungssystem nicht verunsichern lässt. ■

So ist es hilfreich, auf das Kind und seine Äußerungen anders als mit Ärger, Wut, Kontrolle und Strafe zu reagieren. »Wichtig ist, dass Sie *auf die Seite Ihres Kindes* gehen und die von ihm gezeigten Gefühle als berechtigt anerkennen – auch wenn Sie die damit verbundenen Handlungskonsequenzen nicht akzeptieren« (Rech-Simon/Simon 2008, S. 80).

Sich nicht wie »andere Eltern auch« verhalten

Kinder mit mangelndem Urvertrauen werten Erfahrungen völlig anders aus. Sie sind durch Konsequenzen nicht so erreichbar, wie die Bindungspersonen das vielleicht von anderen Kindern gewohnt sind. Deshalb sind »Konsequenzen« (»Auszeiten«, »Distanz« zum Kind wahren, es isolieren, Kontaktabbruch usw.), wie sie zum Beispiel neben liebevoller Beziehungsgestaltung in dem in Australien entwickelten Erziehungsprogramm *Triple P* empfohlen werden, besonders schädlich für Kinder mit frühen Beziehungsabbrüchen. Da das Kind über keine selbstverständliche sichere Bindungsbasis zum Erwachsenen verfügt, erlebt es diese Maßnahmen als Aggression und Beziehungsabbruch. Seine Vorsicht und sein Misstrauen erscheinen berechtigt. Gefühle von Ausgeliefertsein, Abhängigsein, Verlassensein werden neu aktiviert und neues Misstrauen baut sich im Kind oder Jugendlichen auf.

»Triple P« ▸ Triple P ist ein Erziehungsprogramm, das an der Universität von Queensland in Australien entwickelt wurde und inzwischen weltweit verbreitet ist. Der Ansatz beinhaltet einerseits wertschätzendes und zugleich konsequentes Verhalten der Erziehungsperson und im Konfliktfall »Auszeiten« für das Kind. ◂

Bettina Bonus liefert in ihren Büchern *Mit den Augen eines Kindes sehen lernen* überzeugende und zutreffende Beschreibungen und Erklärungen für das Verhalten früh traumatisierter Kinder. Doch bei den empfohlenen »Konsequenzen« übersieht sie: Seelisch verletzte Kinder können oftmals aus den Konsequenzen ihrer Bezugspersonen nicht das lernen, was diese wollen. Und was an Sanktionen bei eigenen Kindern mit einer sicheren Bindungsbasis funktioniert, führt beim bindungsunsicheren Kind nicht zum gewünschten Erfolg, sondern zum Gegenteil. »Wer hier das ›Lob der Disziplin‹ singt, provoziert die Katastrophe, einen Circulus vitiosus: Das Kind zeigt sein ›autonomes‹ Verhalten, die Erzieher (d. h. die sich verantwortlich fühlenden Personen) versuchen, steuernd einzugreifen, was zur Folge hat, dass das Kind sich in seiner Autonomie bedroht fühlt, was von ihm mit einer Steigerung des ›autonomen‹ Verhaltens beantwortet wird, was wiederum zu einer Steigerung der Disziplinierungsversuche führt usw. – es entwickelt sich ein klassisches Machtkampfmuster (in der Familie, in der Schule usw.).« (Rech-Simon/Simon 2008, S. 75)

Einem Kind mit früh erworbenen Bindungsstörungen Sicherheit zu geben und ihm zu ermöglichen, ein Stück Vertrauen in seine Bezugspersonen und sich selbst aufzubauen, gelingt nur Bezugspersonen, die im Alltag Stress und Strafe vermeiden und sich auf natürliche Konsequenzen beschränken, z. B. das Wiedergutmachungsprinzip. Sie benötigen selbst eine hohe Belastbarkeit und die Bereitschaft, dem Kind viele Jahre Zeit zu geben.

In den westlichen Kulturen rangieren Bindungs- und Beziehungsfähigkeit als gesellschaftlich besonders hohe und geachtete Güter. In anderen Kulturen gibt es oft nicht so stark ausgeprägte Erwartungen an die »Verbindlichkeit« eines Menschen. Viele Prominente im kreativen, künstlerischen Bereich sind »autonome«, eigenwillige Persönlichkeiten, deren Autonomie gerade zu ihrer Stärke wurde.

Vielleicht wird das Kind autonom bleiben, sich nur begrenzt binden, immer ein recht hohes Maß an Eigenleben führen. Annehmende Eltern sollten ihren Anspruch an die Verbindlichkeit und »Zuverlässigkeit« ihres angenommenen Kindes herunterschrauben und sein Autonomiebedürfnis möglichst oft anerkennen und einbeziehen. Wenn dies gelingt, kann es große Befriedigung bereiten, sich in das Kind hineinzuversetzen und ihm zu erlauben, so zu sein, wie es ist, und Anteil an seinem vielleicht andersartigen, komplizierten Leben, an seinen Entwicklungen, Freuden und Fortschritten zu nehmen. Hier ist es Aufgabe der ganzen Familie, die Besonderheiten des Kindes zu respektieren, nicht als eigenes Versagen zu werten sowie kreativ, liebevoll und manchmal humorvoll damit umzugehen.

Um die Autonomie eines bindungsängstlichen Kindes auszuhalten, bedarf es der Autonomie auch der elterlichen Bezugspersonen. Als neue Lebensregel kann eingeübt werden: Mehr Eigenleben für jedes Familienmitglied! Kein Kind mag so große Macht über seine Eltern haben, dass es diese total ins Unglück stürzen kann. Das bedeutet, dass die annehmenden Eltern neben dem Kind andere Ressourcen benötigen, um sich selbst zu stabilisieren und nicht alle Schwankungen des Kindes – Hochphasen und Abstürze – in gleicher Intensität mit zu durchleben.

So eine Ressource kann die Rückbesinnung auf die Paarbeziehung sein. Immer wenn Paare viel voneinander bekommen, sind die Kinder entlastet. Dann haben Kinder mehr Chancen, sich zu eigenständigen Persönlichkeiten zu entwickeln. Doch es können auch andere Lebensinhalte neben der Paarbeziehung sein: Produktivität, Interessen, Aktivitäten, Hobbys, Beziehungen zu anderen Erwachsenen, neue Aufgaben und eben alle Ziele, die nicht auf das Kind gerichtet sind.

Erst wenn die Erwachsenen Kraft aus anderen Quellen beziehen, wenn sie den eigenen Selbstwert nicht mehr ausschließlich über das Kind bestimmen, dann gelingt es ihnen, nicht mehr so verletzbar zu sein und eine in Nähe und Distanz angemessen dosierte Beziehung zum Pflege- oder Adoptivkind aufzubauen. Kinder können sich mit selbstständigen, freien Eltern besser identifizieren, als wenn sie diesen Eltern »alles« sein müssen. Und Eltern, die auch woanders »auftanken«, haben mehr Kraft für die Kinder.

»Ich musste mich wie ein Chamäleon an meine Umgebung anpassen und zu meiner neuen Umgebung und zu den Persönlichkeiten und Charakteren meiner neuen Familie passen, ohne zu wissen, wer ich selbst eigentlich wirklich vorher gewesen war, bevor ich zu ihnen kam.« ***(Dean 1995, S. 44)***

Was ist Identität?

Die eigene Identität zu entwickeln, sich selbst zu finden und zu erkennen, wer man selbst ist – das ist für niemanden leicht. Unter Identität verstehen wir unsere Einmaligkeit, unsere Unverwechselbarkeit. Das Wesentliche an der Identitätsfindung ist für alle Menschen eine feste Vorstellung vom eigenen Selbst, die *Kontinuität des Ich*. Wichtig ist, dass diese Vorstellung von sich selbst mit den Wahrnehmungen anderer übereinstimmt. »Das Gefühl der Ich-Identität ist also die angesammelte Zuversicht des Individuums, dass der inneren Gleichheit und Kontinuität auch die Gleichheit und Kontinuität seines Wesens in den Augen anderer entspricht« (Erikson 1968, S. 256).

Alle Kinder nehmen ihre elterlichen Bindungspersonen von klein an durch Nachahmung und Identifikation in sich auf. Kleine Mädchen wollen so werden wie ihre Mütter (und ältere Schwestern), kleine Jungen wie ihre Väter (und ältere Brüder). Aber auch die gegengeschlechtliche Bindungsperson wird verinnerlicht. Normen und Werte werden von dieser übernommen. Fallen in einer Familie leibliche und soziale Elternschaft zusammen, so sind sich Kinder ganz selbstverständlich ihrer Identität bewusst. Das Kind sieht jemandem in der Familie ähnlich, es kommt auf den Vater, die Tante, die Großmutter heraus. Wenn es in den Spiegel schaut, entdeckt es Gesichtszüge seiner Eltern und es entdeckt sich selbst als unverwechselbaren, einmaligen Menschen. Es vergleicht sich mit Mutter und Vater, freut sich über Ähnlichkeiten und zugleich über die Abweichungen und seine Einmaligkeit.

Werden die Mädchen und Jungen älter, mit Beginn der Pubertät und vor allem in der Jugendzeit, entdecken sie allmählich auch Eigenschaften und Eigenarten, in denen sie ihren Eltern nicht gleichen wollen. Es beginnt eine kritische Auseinandersetzung, die allmähliche Ablösung. Andere Erwachsene werden bewundert, nachgeahmt oder idealisiert, die eigenen Eltern werden hingegen infrage gestellt, zurückgewiesen oder gar bekämpft (siehe Kapitel 12).

Die Identität von Pflege- und Adoptivkindern

Bei Pflege- und Adoptivkindern verläuft die Identifikation mit ihren sozialen Eltern zunächst genauso wie bei Kindern, die mit ihren biologischen Eltern leben. Sie verinnerlichen früh Normen, Werte, Gewohnheiten und Verhaltensweisen ihrer vertrauten sozialen Eltern. Doch zur Identifikation mit den Bindungspersonen kommt schon früh eine zweite Identifikation hinzu: die Identifikation mit den leiblichen Eltern. Kinder wissen früher oder später: Sie haben eine genetische Ausstattung von ihren Eltern mitbekommen. Der Wortstamm von Identität (lat. idem) bedeutet: derselbe. Adoptiv- und Pflegekinder definieren ihre Persönlichkeit oftmals über ihre biologischen Wurzeln und ihre konstitutionellen Bausteine.

BEISPIEL Mike, zwölf Jahre, kam mit zwei Jahren in seine Pflegefamilie. Seine Mutter – arm, in psychischen Krisen, vor Mikes

Geburt obdachlos – trifft Mike zweimal im Jahr. Seinen Vater kennt Mike nicht persönlich, die Mutter hat erzählt, er lebe »auf der Straße«. Mike ist ein zufriedener, sympathischer Junge. Er geht auf das Gymnasium. Er erkannte schon früh die Hilflosigkeit und Grenzen seiner Mutter. Eines Abends stellte er fest: »Was kann bei solchen Eltern schon aus mir werden? So wie euer richtiges Kind kann ich wohl nie sein.« Die Antwort seiner Pflegemutter: »Ein bisschen was hast du ja vielleicht auch von uns gelernt und abgeschaut. Oder?«

Mike registriert die sozialen Unterschiede zwischen seiner Pflegefamilie und seiner Herkunftsfamilie. Seine Worte »So wie euer richtiges Kind kann ich wohl nie sein« zeigen, dass er daran zweifelt, ob er tatsächlich die Qualitäten hat, seine Pflegeeltern ganz zufriedenzustellen, und ob er nicht dazu »verurteilt« ist, das Leben seiner Eltern zu wiederholen. Die Antwort der Pflegemutter ist einerseits ermutigend, enthält aber auch die Komponente: Wir wollen, dass du so wirst wie wir. ■

Manche Kinder gehen davon aus, sie hätten keine andere Wahl, als in die Fußstapfen der leiblichen Eltern zu treten (Nolan 2005). Hier spielt nicht nur Identifikation, sondern unbewusste oder bewusste Loyalität eine Rolle: *Wenn ich den Weg meiner Mutter, meines Vaters gehe, bin ich ihnen näher.*

Die innere Haltung der annehmenden Eltern gegenüber den Herkunftseltern

Was Kinder an emotionalen Signalen von ihren annehmenden Eltern über ihre Herkunftseltern empfangen, wirkt auf das innere Bild ein, das die Kinder von ihren leiblichen Eltern und von sich selbst in sich tragen. Nicht das, was Bezugspersonen

Kindern direkt sagen, hat die meiste Wirkung, sondern was die Kinder via Identifikation mit unseren Gefühlen und unserem Verhalten aufnehmen. Was die annehmenden Eltern über die Herkunftseltern denken und fühlen, wirkt stärker auf das Kind ein als das, was sie nach außen zeigen.

TIPP Annehmende Eltern sollten die leiblichen Eltern des Kindes als Teile ihres Lebens annehmen können.

Es gibt Adoptiv- und Pflegeeltern, die warm und herzlich gegenüber den leiblichen Müttern (oder Vätern) empfinden. Können annehmende Eltern die Herkunftseltern gernhaben, fühlt sich das Kind selbst wertgeschätzt und kann ein positives Selbstwertgefühl entwickeln. Es kann die Herkunftseltern und die annehmenden Eltern in sich vereinen. Zuneigung meint nicht das Negieren des Unvermögens der leiblichen Eltern, schon gar nicht das Ausklammern oder Verharmlosen von Schmerzlichem, das sie den Kindern angetan haben. Es heißt vielmehr, die Eltern als Menschen zu achten und zu respektieren auf der Basis von Mitgefühl und in Anbetracht ihrer – in aller Regel – schwierigen Biografie.

Manchmal gelingt diese Wertschätzung den annehmenden Eltern besser, wenn Herkunftseltern sehr weit fort sind, zum Beispiel bei Auslandsadoptionen oder bei Findelkindern. Hier erlebe ich oft, dass die annehmenden Eltern die Herkunftseltern ihres Kindes achten und ihnen dankbar sind.

Manchmal ist die Kluft zwischen den sozialen Welten der Herkunftsfamilie und der annehmenden Familie groß. Gefühle von Ärger, Abwertung und Wut gegenüber den Eltern wird das Kind auch spüren, wenn die annehmenden Eltern sie ihrem Kind nicht zu zeigen glauben. Es geht also nicht darum, negative Gefühle vor dem Kind zu verbergen, sondern an einer inneren Aussöhnung zu arbeiten und die negativen Gefühle tatsächlich umzuwandeln in Verstehen, vielleicht verbunden mit tiefer Trauer.

Wichtig ist dann, nicht nur die negative, bedrückende Seite an den Eltern wahrzunehmen, sondern auch eine »zweite Seite«, die positiv ist. Sich einseitig mit dem Schmerz des Kindes zu verbünden würde bedeuten, das Kind mit seiner gleichzeitig vorhandenen Verbundenheit mit den leiblichen Eltern alleinzulassen und seinen Schmerz zu verstärken. Kinder mit zwei Familien brauchen annehmende Eltern, die ihnen Ambivalenz in Bezug auf ihre Ursprungsfamilie ermöglichen, indem sie eine gefühlsoffene, bindungstolerante Haltung einnehmen.

Diesen inneren Standort zu bestimmen bedeutet für annehmende Eltern, die Verschiedenheit der beiden Welten zu respektieren, aus denen jeder kommt. Diese Verschiedenheit hat schließlich dazu geführt, dass das Kind in der neuen Familie lebt.

Hilfen für die Identitätsentwicklung

Die annehmenden Eltern von Mike haben in einem »Lebensbrief« folgende Position bezogen. Hier zwei Auszüge:

BEISPIEL »Deine Mutter und dein Vater kamen nicht so auf die Welt, wie sie heute sind. Sie haben bestimmt Stärken und Fähigkeiten in sich getragen, die sie dir weitergegeben haben. Zugleich konnten sie selbst diese Stärken und Fähigkeiten nicht weiterentwickeln. Durch widrige Bedingungen als Kind und in ihrer Jugend sind sie zu den Menschen geworden, die sie heute sind.

Du hingegen hast als kleines Kind schon Hilfe bekommen – auch indem du zu uns gekommen bist –, Hilfe, wie sie deine Eltern als Kinder nie erhalten haben. So hast du jetzt eine ganz andere Chance, etwas aus dir und deinem Leben zu machen. Und das spürst du ja auch, wenn wir deine Mutter treffen, dass du heute schon mit zwölf Jahren in vielem weiter bist als sie. Und wenn dein Vater heute sein Leben von außen betrachten könnte, dann würde er dir vermutlich raten: ›Mike, mein Sohn, mache nicht dieselben Fehler wie ich. Nutze deine Chance, einen anderen Lebensweg als ich einzuschlagen.‹

[...]

Du bist für uns, so wie du bist, genau richtig. Anders wollen wir dich gar nicht. Von deinen Eltern hast du dein Leben und einige deiner Begabungen. Von uns bist du beeinflusst und geprägt. Du bist das Ergebnis des Zusammenwirkens von zwei Familien. Und vor allem hast du selbst entscheidend dazu beigetragen, dass du die Person geworden bist, die du heute bist. Das Ergebnis kann sich sehen lassen. Und noch etwas: Du musst nicht so werden, wie deine Eltern sind, und du musst auch nicht so werden, wie wir sind. Du musst auch nicht einmal so werden, wie wir dich haben wollen. Werde so, wie du dich selbst haben willst. Das ist das Beste! Und so achten und lieben wir dich.« ■

»Lebensbrief« ▸ In einem Lebensbrief werden existenzielle Lebenszusammenhänge und Gefühle benannt. Gesprochene Worte können wieder verschwinden, vergessen oder umgedeutet werden, geschriebene Worte haben eine andere Gültigkeit und Verbindlichkeit. Wenn die annehmenden Eltern beide Elternschaften für wertvoll erachten, ihre soziale Elternschaft auf der einen und die Herkunftselternschaft auf der anderen Seite, wenn sie dem Kind das Gefühl vermitteln können, dass aus beiden ein wertvolles Ganzes wurde, dann stärken sie dessen Selbstwertgefühl.

Sätze wie: »Dass du so musikalisch bist, hast du von deinen leiblichen Eltern mitbekommen, dass du so regelmäßig Klavier übst, hast du bei uns gelernt. Und dass du bei zunächst schweren Klavierstücken nicht aufgibst, das kommt von deiner eigenen Energie und Begeisterung«, geben dem Kind die Möglichkeit, die inneren Fragen »Wer bin ich und wie bin ich?« besser zu beantworten.

Auch ist wichtig, dem Kind oder Jugendlichen zu vermitteln, dass kein Kind deckungsgleich mit seinen Eltern auf die Welt kommt: Jedes Kind ist eine einmalige Persönlichkeit, in der sich genetische Ausstattung und Umwelteinflüsse gegenseitig beeinflussen. ◂

Wenn Mutter oder Vater unbekannt bleiben

Wenn annehmende Eltern über Mütter und/oder Väter nichts wissen, nicht ihre Namen und nicht die Gründe, weshalb das Kind fortgegeben wurde, so sind sie oftmals verunsichert, wie sie ihre Kinder in Bezug auf ihre Herkunftssituation unterstützen können.

Kinder, die ihre Eltern nie werden finden können, die nicht einmal genau wissen, ob diese noch leben oder schon gestorben sind, fühlen sich vor allem in den Jugendjahren oftmals hilflos und verloren. Es fließt viel seelische Energie in die unklärbare Herkunftssituation und die damit verbundene Trauer. Hilfreich ist, wenn die annehmenden Eltern dem Kind die Gründe nennen, weshalb andere Eltern sich von ihren Kindern trennen, und hinzufügen: »Vielleicht war es bei dir so ähnlich. Aber ganz genau wissen wir es nicht.«

Es hilft diesen Kindern, wenn ihre Bezugspersonen, ausgehend von der Persönlichkeit des Kindes, eine Vorstellung von ihren Eltern entwickeln:

- »Ich stelle mir vor, deine Mutter hat als junger Mensch so ähnlich ausgesehen wie du. Sie hatte vielleicht dieselben Haare, dieselbe Figur wie du.«
- »Dein Vater ist ein Brasilianer. Vielleicht ist er so sportlich wie du. In Brasilien ist Fußball ganz wichtig. Vielleicht wurde dir deine Begeisterung für Fußball schon in die Wiege gelegt!«
- »Auch du bestehst aus Vater und Mutter, sie leben in dir weiter.«
- »Deinen Körper, deine Haut, deine Haare, deine Hände, deine Füße, dein Gesicht, alles hast du von ihnen bekommen.«
- »Du hast von ihnen dein Temperament, deine Lebensfreude.«
- »Von deiner Mutter hast du vielleicht deine grünen Augen, vom Vater deine Nase und deine Ohren.«

Wenn die Kinder ins Jugendalter kommen, können sie auch Menschen interviewen, die selbst ohne Wissen um Vater oder Mutter aufgewachsen sind. Die jungen Menschen haben zwar nicht die Möglichkeit, die fehlenden Elternteile zu suchen, zu finden, kennenzulernen, aber sie können dem fehlenden Elternteil eine Existenzberechtigung geben, indem sie sich mit der Lücke in ihrem Leben befassen und ihre Eltern in der Fantasie entwickeln, entwerfen und ihnen einen Platz geben.

»Als wir feststellten, dass wir keine Kinder bekommen konnten, und beschlossen, eines zu adoptieren, geschah es mit dem Gefühl, dass wir dieses Kind lieben und wie unser eigenes behandeln würden. Ich wäre meinem eigenen Kind sicher keine bessere Erzieherin gewesen, aber wenn mir Stéphanie alle naselang sagte: ›Und überhaupt, du bist nicht meine Mutter‹, hatte ich weder die Distanz noch das dicke Fell einer Erzieherin noch die Sicherheit einer echten Mutter, die sich ihres stolzen, lebendigen Bauches erinnert. Ich ließ mich verletzen.« ***(Berge 2005, S. 32)***

In Pflege- und Adoptivfamilien gibt es sehr unterschiedliche Intensitätsstufen von sozialer Elternschaft.

Intensität sozialer Elternschaft

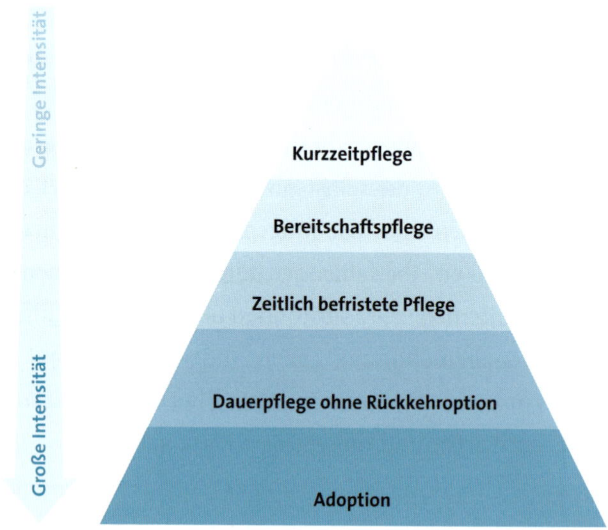

Leben Kinder in einer Kurzzeit- oder einer Bereitschaftspflegefamilie, dann ist der Anteil an sozialer Elternschaft weniger stark ausgeprägt. Die Familie bietet dem Kind vorübergehend ein Zuhause in privatem Rahmen. Das Kind ist ein Gast für eine begrenzte Zeit in der Familie. In erster Linie sind die Pflegeeltern Betreuungspersonen und erfüllen ihren vertraglichen Auftrag vom Jugendamt. Sie werden sich nach einem vereinbarten Zeitraum wieder vom Kind lösen und es in eine Zukunft mit anderen Bindungspersonen entlassen.

Mitunter verweilen Kinder jedoch sehr lange in den Bereitschaftsfamilien, manchmal mehr als zwei Jahre. Das Kind hat sich stark an die Jeden-Tag-Eltern gebunden. Dann und wann entscheidet sich eine Bereitschaftsfamilie, Dauerfamilie für das Kind zu werden. Solch ein Perspektivenwechsel muss gründlich abgewogen werden. Es ist keine geeignete Basis für eine dauerhafte soziale Elternschaft, wenn die Pflegeeltern das Kind aus moralischer Verpflichtung oder aus Verantwortungsgefühl behalten, weil sie ihm einen Wechsel ersparen wollen. Entscheidend sollten die Zuneigung und ein freier emotionaler Platz in der Familie sein und ob die annehmenden Eltern bedingungslos für das Kind die Elternrolle übernehmen wollen.

Gleiches gilt für die zeitlich befristete Pflege. Da hier der Zeitraum der Betreuung manchmal zwei, drei und mehr Jahre beträgt, baut das Kind häufig recht intensive Bindungen zu den Pflegeeltern auf. Dennoch ist durch die vorgesehene Begrenztheit der Pflegezeit die Bindung zwischen Pflegeeltern und Pflegekindern häufig nicht so ausschließlich und so eng wie bei einem geplanten Dauerpflegeverhältnis bis zur Verselbstständigung des

Kindes. Natürlich spielen auch das Alter, mit dem das Kind in die Pflegefamilie kam, und die Intensität der Bindung zu den leiblichen Eltern eine große Rolle.

Für jedes Kind, das nach einer längeren Unterbringung in einer Familie wieder nach Hause zurückkehrt, muss viel Unterstützungs- und Biografiearbeit (siehe Kapitel 8) geleistet werden, damit es die schwierigen Lebensumstände verstehen kann. Auch sollten die Übergänge von einer Familie in die andere möglichst langsam und fließend gestaltet werden. Am besten ist es, wenn die Eltern gar nicht vollständig von den Pflegeeltern »abgelöst« werden, sondern die ganze Zeit während des Pflegeverhältnisses Bindungs- und Bezugspersonen für das Kind bleiben. Kontakte zur Herkunftsfamilie sollten dann besonders dicht sein.

Dauerpflege: unterschiedliche Ausprägungen sozialer Eltern-Kindschaft

Leben Kinder in Dauerpflege, bis sie erwachsen sind, so gibt es dennoch verschiedene Qualitäten der Eltern-Kind-Beziehungen. Zwischen den Polen der innigen, adoptionsähnlichen Pflegeverhältnisse am einen und emotional eher »distanzierten« Beziehungen am anderen Ende, in denen die Pflegeeltern eine ähnliche Rolle innehaben wie sonst Bezugspersonen in Institutionen, gibt es viele Mischformen und Zwischenstufen. Wenn die offizielle Jugendhilfemaßnahme beendet und der junge Mensch selbstständig geworden ist, zeigt sich oft erst, ob eine überwiegend professionelle oder eine von privaten Bindungen geprägte Pflegeeltern-Kind-Beziehung existiert.

Es gibt heute erwachsene Pflegekinder, die berichten: »Ich war immer bloß das Pflegekind.« Sie haben sich nicht als vollwertiges Mitglied ihrer Pflegefamilie gefühlt. Pflegeeltern und Kind konnten keine bleibende innige Eltern-Kind-Bindung aufbauen. Eine junge Frau, die in einer »Großpflegestelle« aufgewachsen war, sagte: »Wir wurden großgezogen wie Gemüse.«

Andere Pflegekinder hingegen berichten: »Ich war wie das ›richtige Kind‹ meiner Pflegeeltern und ich liebe sie heute noch. Sie sind meine Eltern.« Manche Pflegeeltern bedenken ihre angenommenen Kinder im Testament und bleiben lebenslang emotionale Eltern. Emotional innige Pflegeeltern-Kind-Beziehungen enden nicht, wenn der Auftrag der Jugendhilfe endet. Sie bleiben nach Beendigung der Hilfe für immer bestehen. Und Pflegeeltern werden später für die Kinder ihrer Pflegekinder emotionale Großeltern.

Gerade in professionellen Familien, die für die Betreuung der Kinder ein Honorar erhalten, sollten sich die Erwachsenen genau darüber klar sein, was den professionellen und was den privaten Anteil in ihren Beziehungen zum Kind ausmacht. Und für die Kinder sollten entsprechende Worte gefunden werden, sonst fließen viel Energie und Zweifel der Kinder in die ungeklärte Auftrags- und Beziehungslage. Kindern ab etwa sechs Jahren sollte erklärt werden, dass es sich um eine bezahlte Arbeit des Erziehungsstellenvaters und der Erziehungsstellenmutter handelt, es zu begleiten und zu betreuen. In etwa so: »Du lebst bei uns im Auftrag deiner Eltern und des Amtes. Deshalb erhalten wir vom Amt Geld für deine Betreuung. Gleichzeitig entstehen zwischen Erwachsenen und Kindern, die jeden Tag in einer Familie zusammenleben, viele Gefühle. Diese Gefühle sind unbezahlbar. Und wir gehören wie Eltern und Kinder zusammen.«

Wenn die Pflegeeltern keine emotionale Elternrolle eingenommen haben, so entspricht das in vielen Fällen ihrem Auftrag und ist angemessen und in Ordnung. Auch das kann thematisiert werden, zum Beispiel so: »Wir sind täglich für dich da und geben dir Halt. Wir sind für dich eine Basisstation, von der aus du in dein weiteres Leben starten kannst.«

Soziale Eltern-Kindschaft in Adoptivfamilien und vergleichbaren Verhältnissen

Sehr junge Kinder zweifeln zunächst überhaupt nicht an der Einzigartigkeit ihrer emotional-sozialen Eltern. Zu diesen fühlen sie sich zugehörig. Hier erleben sie alles, was Familie ausmacht. Hier bestehen die Bindungen, Beziehungen, Dynamiken. Hier werden die Kinder jeden Tag geprägt. Dauerpflege- und Adoptiveltern dürfen und sollten als der familiäre Lebensmittelpunkt ihren angenommenen Kindern die Gewissheit geben, dass sie als Eltern nicht mehr austauschbar sind und sich auch nicht austauschen lassen. Die seelisch-soziale Familie ist und bleibt emotional der Lebensmittelpunkt für das Kind bis ins Erwachsenenalter.

Viele annehmende Eltern schreiben den leiblichen Eltern große Macht zu. Sie befürchten, sie könnten »ihre Kinder« an die leiblichen Eltern irgendwann wieder verlieren. Ungewollt kinderlose annehmende Eltern sind sich manchmal der Priorität ihrer sozialen Elternschaft nicht sicher. Einige haben das Gefühl, dass ihnen in der Eltern-Kind-Beziehung etwas ganz Entscheidendes fehlt. Und sie lassen sich leicht von den Zweifeln der Kinder und deren Versuchen, die soziale Elternschaft zu entwerten, verunsichern.

Beeindruckende Dokumente haben Anneli und Gerd Schinkel geschaffen. Die Familie Schinkel ist mit ihren beiden Adoptivkindern nach Korea gereist und hat dort die leibliche Familie von Anneli gesucht und gefunden. Beide Familien haben sich gegenseitig anerkannt, den Platz des anderen im Leben des Kindes gewürdigt. Die Adoptiveltern haben nicht im Geringsten daran gezweifelt, dass sie Annelis seelisch-soziale Eltern bleiben, und konnten der Herkunftsfamilie den ihr gebührenden Platz einrichten. Hier ein kleiner Auszug aus einem Brief (SCHINKEL 2007, S. 76) der Adoptiveltern an Anneli, den sie ihr am Vorabend vor dem Kennenlernen ihrer leiblichen Mutter übergeben haben:

BEISPIEL »Seitdem wir Kinder haben, euch beide, sind wir Eltern – eure Eltern. Und daran hat sich nichts geändert, seitdem wir erfahren haben, dass du deine koreanische Blutsverwandtschaft gefunden hast. Du bist uns als unser Kind so ans Herz gewachsen, dass wir nicht fürchten, dass sich an unserer Beziehung etwas ändern könnte. Deshalb konnten wir dich auch ganz ohne Furcht und ohne Verlustängste suchen lassen. Wir sind mit dir neugierig und gespannt auf den morgigen Tag der ersten Begegnung mit deiner leiblichen Familie.

Wenn es eine Sorge gibt, dann die, wie du dies alles verkraften wirst, aber wir sind sicher, dass du weißt: Wir sind immer für dich da und werden dich als Eltern auf diesem Weg begleiten und bei dir sein, wenn du uns brauchst.

Geh deinen Weg, lieber Schatz. Wir sind glücklich, dass du nun auch die Chance hast, mehr über deine Herkunft ›vor unserer Zeit‹ zu erfahren.

Wir wünschen dir viel Kraft.

In Liebe

Dein Papa und deine Mama« ■

Erst wenn angenommene Kinder älter werden, beginnen sie, ihre ungewöhnliche Realität beim Namen zu nennen. Sind Kinder über ihre Annahme aufgeklärt (und dies ist für die Vertrauensbasis zu den sozialen Eltern so früh wie möglich erforderlich), dann stellen sie fest, dass es sich bei ihnen nicht um ein durch die Geburt vorbestimmtes Eltern-Kind-Verhältnis handelt, sondern um ein »zufällig« zustande gekommenes. Sie prüfen, wie sicher das Band ihrer annehmenden Eltern zu ihnen ist und ob diese ganz hinter ihnen stehen.

Manche Adoptivkinder sehen sich als Kinder zweiter Wahl: »Ihr habt mich ja nur genommen, weil ihr keine eigenen Kinder bekommen konntet«, wird den annehmenden Eltern vorgehalten. Oder: »Ich gehe zum Jugendamt und suche mir neue Eltern.« Mir wurde von fünfjährigen Kindern berichtet, die zur Nachbarin sagten: »Wenn du mich adoptiert hättest, wärst du jetzt meine Mama.« Schon einmal erfahren zu haben, dass Eltern austauschbar sind, lässt so manches Kind an der Beständigkeit der emotional-sozialen Elternschaft zweifeln. Viele Adoptivkinder haben ein erhöhtes Autonomiestreben und trauen sich nicht, sich ihrer Liebe zu den annehmenden Eltern ganz hinzugeben (siehe Kapitel 3 und 4).

Das Wissen um und der Schmerz über den Verlust der leiblichen Eltern beeinflussen die Qualität der Bindung zu den annehmenden Eltern. Manche Kinder haben Sehnsucht nach ihrer leiblichen Mutter. Und das Wissen um die Existenz dieser leiblichen Mutter irgendwo auf der Welt führt zuweilen dazu, dass sie ihre Liebe zu den sozialen Eltern begrenzen. »Es war offensichtlich, kein Zweifel, diese Fremde war meine Mutter.

Auf sie hatte ich immer gewartet. Für sie hatte ich Mama niemals wirklich geliebt.« (Berge 2005, S. 76)

Glückliche und weniger glückliche Eltern-Kind-Beziehungen

Im Laufe meiner langjährigen Arbeit habe ich die Erfahrung gemacht, dass es annehmende Eltern gibt, die ihr angenommenes Kind ohne Einschränkung von innen heraus ebenso stark lieben wie leibliche Eltern ihre Kinder. Andere Kinder hingegen haben es eher schwer, eine solche Liebe zu erfahren.

Vorgeburtliche und frühkindliche Stresserfahrungen, Beziehungsabbrüche oder Deprivationen haben Spuren im Kind hinterlassen. Manchmal haben Kinder eine genetische Ausstattung, ein Temperament, einen Charakter, ein Aussehen oder eingeschränkte Begabungen, die denen von einem »Wunschkind« ziemlich konträr sein können. Einige Adoptiveltern – gerade solche mit guter Bildung – sind enttäuscht, wenn ihre angenommenen Kinder nicht ihre Leistungsstandards erreichen können. Eltern, denen ihre angenommenen Kinder teilweise fremd bleiben, sind zudem über sich selbst unglücklich.

Es ist kompliziert und anstrengend für alle Beteiligten, wenn das Kind die Bedürfnisse der annehmenden Eltern nicht stillen kann und diese ihrem Kind gegenüber ambivalent bleiben. Kind und Eltern leben in einem Dauerstress: »Es kann sein, dass Stéphanie und ich unsere Kräfte damit verausgabt haben, dem anderen zu gefallen.« (Berge 2005, S. 35)

Andere annehmende Eltern können sich in ihrem angenommenen Kind wiederfinden, sich verwirklichen. Das ersehnte Wunschkind der Eltern und das reale angenommene Kind sind einander ähnlich. Meist erfüllen diese Kinder – ohne sich überanstrengen zu müssen – die Wünsche und Ansprüche ihrer annehmenden Eltern.

Es gibt Mädchen und Jungen, die trotz früher Entbehrungen und des frühen Abschieds im Leben durch vorgeburtliche und dispositionelle Einflüsse stabiler sind als andere. Oft handelt es sich um widerstandsfähige, unkomplizierte Kinder. Die Erforschung der psychischen Widerstandsfähigkeit (»Resilienz«) oder Elastizität hat in vielen unterschiedlichen Studien Schutzfaktoren aufseiten des Kindes gefunden: positives Temperament, überdurchschnittliche Intelligenz und ein positives Selbstkonzept (Laucht 1999, S. 306). Zdenêk Matêjček spricht von einer spezifischen persönlichen Ausstattung mancher Kinder, den »Big Five«: »Zuverlässigkeit, Neugier, Extroversion, Nicht-Neurotizismus oder emotionale Stabilität und Freundlichkeit. [...] Es handelt sich offensichtlich um einen Komplex von Charakterzügen, der verschiedene Varianten, aber einen gemeinsamen Nenner hat, nämlich die Fähigkeit, eine sympathisierende Aufmerksamkeit der sozialen Umgebung auf sich zu ziehen und aus dem stimulierenden Angebot, das hier real existiert, das Maximum zu gewinnen.« (Matêjček 2006, 180)

Natürlich spielt die Tatsache, eine zweite Familie zu haben, von der das Kind kommt, auch in glücklichen Pflege- und Adoptivfamilien eine Rolle. Die annehmenden Eltern geben diesem Thema Raum. In glücklichen Pflege- und Adoptivfamilien gibt es Freude und Trauer nebeneinander: Den Kindern vorzuleben, wie sie mit Kummer zurechtkommen können, ist für alle Eltern eine wesentliche Aufgabe. So werden ihre Kinder gut vorbereitet auf das eigenständige Leben draußen in der Welt.

Ambivalente Gefühle zum angenommenen Kind

»Seit zwei Jahren hatte ich aufgegeben. Aufgegeben angesichts einer Tochter, die allzu verletzend und materialistisch war, zu anders als ich.« (Berge 2005, S. 68)

Mitunter haben die annehmenden Eltern unterschiedliche Gefühle zum angenommenen Kind. Und diese Gefühle sind im Laufe der Jahre Höhen und Tiefen unterworfen: Mal erkennen sie in ihren Kindern Eigenschaften, die sie lieben können, und mal überwiegen Eigenschaften, die auf sie fremd und kompliziert wirken.

Gemischte Gefühle gibt es allerdings auch bei so manchen leiblichen Eltern gegenüber ihren Kindern. Doch das Unbehagen und das schlechte Gewissen sind bei sozialen Eltern ungleich heftiger.

BEISPIEL Marvin, heute 14 Jahre alt, kam mit eineinhalb Jahren in seine Pflegefamilie. Die Herkunftsmutter war selbst ein Heimkind gewesen, geriet in schwierige Partnerschaften, konnte ihren Kindern nicht geben, was sie brauchten (Vernachlässigung, vermüllte Wohnung). Sie hatte der Unterbringung der Kinder »unter Druck« zugestimmt. Marvin hat einen älteren Bruder, der gerade aus einer anderen Pflegefamilie in eine Wohngruppe übergewechselt ist. Er sagte zu Marvin: »Meine Pflegeeltern haben mich rausgeschmissen. Deine sind bestimmt auch nicht besser.«

Kontakte zur Mutter finden unregelmäßig statt. Die Mutter kann sich Marvin dabei kaum zuwenden. Sein Vater hat eine neue Familie. Er zahlt für Marvin, ist aber an Kontakten nicht interessiert. Marvin hat kürzlich gesagt, er sei bitter enttäuscht, dass sein Vater nichts von ihm wissen wolle.

Marvin besucht eine Förderschule. Der Pflegevater ist Informatiker und die Mutter Architektin. Die leibliche Tochter, 16 Jahre, geht auf das Gymnasium. Marvin kämpft um seine Autonomie, lügt, mogelt, stiehlt. Es vergeht kein Tag, an dem die Pflegeeltern nicht mit neuen Konflikten konfrontiert sind. Marvin erklärt: »Ich lasse mir von euch nichts mehr sagen. Ich mache, was ich will!«

Der Pflegevater ist enttäuscht und wütend, dass sich dieses Kind weigert, seine Werte und seine Art zu leben zu akzeptieren. Er sagt: »Ich komme nicht an ihn heran.« Die Pflegemutter äußert: »Das ist jeden Tag Stress mit Marvin. Ich habe Angst vor der Zukunft.« Die leibliche Tochter wirft ihren Eltern vor: »Weshalb habt ihr überhaupt ein Pflegekind aufgenommen, wenn ihr damit ständig überfordert seid!«

Die Kinder verändern wollen?

Es gibt Pflege- und Adoptiveltern, die mit ihrem Schicksal immer wieder hadern. Diese annehmenden Eltern wenden alle Energien auf, um ihre Kinder endlich »zur Vernunft zu bringen«. Die Kinder sollen ihre Wünsche und Erwartungen, was aus einem jungen Menschen in unserer Gesellschaft werden soll, schließlich umgehend erfüllen. Sie versuchen es »mit allen Mitteln«, mit Appellen, Predigten, Lob, Strafen.

Das Kind spürt, dass es die Macht hat, seine annehmenden Eltern unglücklich zu machen; es wird *dabei aber* selbst unglücklich und kann sich erst recht nicht verändern. Im Gegenteil:

Eine Eskalation setzt ein, die zu noch mehr Enttäuschung auf beiden Seiten führt. Diese annehmenden Familien sollten Hilfe in Beratungsstellen in Anspruch nehmen, damit sie einen Weg für sich und das angenommene Kind finden. Bevor der Alltag zur Qual wird, sollte auch überlegt werden, ob die Beziehung nicht gerettet werden kann, wenn der junge Mensch in eine betreute Jugendwohngemeinschaft zieht oder früh verselbstständigt wird (siehe Kapitel 7 und 8).

BEISPIEL Für Marvins »Auffälligkeiten« gibt es mehrere Erklärungsmöglichkeiten. Er ist ein Kind mit frühen Stresserfahrungen und Bindungsmisstrauen. Er fühlt sich von seiner Mutter und seinem Vater zurückgewiesen. Von seiner Pflegefamilie fühlt sich Marvin nicht genug geachtet. Wie soll Marvin seine Pflegeeltern zufriedenstellen, wo er doch schon immer ein Problem- und Sorgenkind ist? Woher soll er die Energie nehmen, die Werte seiner Pflegefamilie anzunehmen? Es ist so schon schwer genug, ein Lernhilfekind zu sein, erst recht in einer Pflegefamilie mit akademisch gebildeten Eltern und einer Tochter auf dem Gymnasium. Gleicht er nicht in allem seinen leiblichen Eltern?

Die Pflegeeltern von Marvin haben zwei Möglichkeiten: Die eine heißt, für sich zu klären: Wie würden sie sich fühlen, wenn Marvin nicht mehr bei ihnen wäre? Können sie sich die innere Erlaubnis geben, abzubrechen? Wie würden sie mit ihrem »Misserfolg« und dem Gefühl, versagt zu haben, umgehen? Was könnten sie bei einer Trennung weiter für die Beziehungspflege zu Marvin tun?

Ein anderer Weg könnte heißen: Neudefinition der Pflegeelternrolle. Statt enttäuschte »Eltern« können sie zu erwachsenen Begleitpersonen werden, die Marvin als das wahrnehmen, was er ist: ein Junge, der ein außerordentliches Schicksal zu tragen hat. ■

Kinder sind nicht auf der Welt, um in erster Linie die Ziele und Wünsche ihrer annehmenden Eltern zu verwirklichen. Sie benötigen die Freiheit, zu den Menschen zu werden, die sie selbst sein wollen und können. Das ist leicht, wenn die Vorstellungen vom künftigen Leben von Eltern und jungen Menschen einander gleichen. Aber es ist schwer, wenn junge Menschen ein anderes Lebenskonzept haben. Aufhören, das Kind verändern zu wollen, bedeutet, ihm innerlich Zeit zu lassen, sich irgendwann selbst zu verändern.

Sich als Erwachsene verändern!

Es gibt Pflege- und Adoptiveltern, die sich ihre Ambivalenzen erlauben und dazu stehen. Sie lernen, mit ihren gemischten Gefühlen zu leben, spielen dem Kind nichts vor, was nicht da ist, und bleiben zugleich konstruktiv. Manche verabschieden sich von der Sehnsucht, das angenommene Kind solle möglichst ihrem Wunschkind gleichen. Andere annehmende Eltern definieren sich sogar als professionelle Erziehungspersonen und gestatten sich und dem Kind mehr Autonomie und andere Ressourcen (siehe Kapitel 4). Auf der Verhaltensebene ringen sie um Strategien, ihre Kinder bestmöglich durch das Leben zu begleiten und sie zu stärken.

Marvins Pflegeeltern haben sich im Laufe eines längeren Beratungsprozesses für die zweite Alternative entschieden. Sie entwickelten folgende innere Haltung:

BEISPIEL *Wir nehmen Abschied von dem Wunsch, ein harmonisches Familienleben führen zu können. Wir wollen dich achten,* *obwohl du anders bist als wir. Wir wollen unser Schicksal annehmen und jeden Tag innerlich die Ärmel hochkrempeln. Wir wollen dir zuverlässige Erwachsene sein und unser Bindungsangebot aufrechterhalten. Und wenn du dich in blöde Lebenslagen begibst, wollen wir unser Bestes tun, den Schaden zu begrenzen. Unsere Lösung heißt nicht, dass du dich veränderst, sondern dass wir uns verändern.*

Zu Marvin sagte die Pflegemutter: »Wenn ich es so schwer hätte wie du, dann wäre ich noch viel unzufriedener als du!« Und der Pflegevater erklärte: »Du hast allen Grund, aggressiv zu sein. Du hast Eltern, von denen du dich nicht beachtet fühlst, und du hast Pflegeeltern, die ständig an dir rummeckern. Wie du damit klarkommst, ist eigentlich klasse!« Und ein anderes Mal erklärte die Pflegemutter: »Wenn ich auf eine L-Schule gehen würde und meine Pflegeschwester wäre auf dem Gymnasium: Das allein schon würde genügen, dass ich ganz mutlos wäre. Habe ich dir schon einmal gesagt, dass Menschen mit L-Schulbildung auch ein interessantes Leben haben? Du bist so, wie du bist, okay, und ich bewundere dich!«

Zwei Jahre nach diesen Gesprächen holte Marvin seinen Hauptschulabschluss nach. Er hat inzwischen eine Lehrstelle als Koch. Immer wieder gibt es kleine und größere Konflikte, aber die Pflegeeltern sehen diese nicht mehr als ihren Misserfolg, sind nicht mehr verletzt. Sie haben gelernt, Marvin zuzugestehen, dass er bei seiner Vorgeschichte nicht perfekt sein kann. Sie sind froh, dass sie sich in der schweren Krisenzeit nicht von Marvin getrennt haben: »Wir akzeptieren inzwischen voll und ganz, dass wir für zwei sehr unterschiedliche junge Menschen auf sehr unterschiedliche Weise Eltern bzw. Pflegeeltern sind.« ■

Es gehören Mut und Kraft dazu, sich die inneren Ambivalenzen gegenüber dem angenommenen Kind zu erlauben. Wenn annehmende Eltern sich gestatten, zu trauern über das, was sie mit dem Kind nicht verwirklichen können, dann können sie oftmals die Ressourcen des jungen Menschen wieder besser entdecken. Sobald die Erwachsenen sich in die Lage des jungen Menschen einfühlen können, wirkt dies stress- und angstreduzierend auf diese, und sie bekommen Energie frei, sich in ihrem Tempo und auf ihre Weise weiterzuentwickeln.

*»Ich bin der Auffassung, dass Kinder, die unter Aufmerksamkeits- und Verhaltensproblemen leiden, in ihrem Kern völlig normale und gesunde menschliche Wesen sind – dass sie nicht unter einer medizinischen Störung leiden. Ich bin der Meinung, dass diesen Kindern […] am besten geholfen werden kann, indem man auf jene nährende, anregende und ermutigende Weise mit ihnen umgeht, die allen Kindern zugutekommt.« (**Armstrong** 2002, S. 18)*

Seelische Verletzungen

Frühe Stresserfahrungen hinterlassen Spuren im Kind. Diese Spuren nenne ich »seelische Verletzungen«. Der Begriff »seelisch verletzte Kinder« dient nicht als Diagnose, sondern als Beschreibung und zum besseren Verstehen. »Seelisch« wird hier auch nicht im religiösen Sinn verstanden.

Wir wissen heute, dass frühe Stresserfahrungen eine lebenslang erhöhte Verwundbarkeit nach sich ziehen. »Zu den wichtigsten Formen früher Stresserfahrungen zählen sexueller Missbrauch, Misshandlung und emotionale oder körperliche Vernachlässigung. Andere Formen umfassen Unfälle, Operationen, chronische Krankheit, Naturkatastrophen, Krieg und Terroranschläge sowie weniger offensichtliche Erfahrungen wie instabile Familienverhältnisse, mangelnde elterliche Pflege durch Krankheit der Eltern, dysfunktionale Beziehungen zwischen Eltern und Kind und Armut.« (Heim 2005, S. 60)

Viele Pflege- und Adoptiveltern stellen fest: »Wir wissen nicht, was unser angenommenes Kind erlebt hat. Also wissen wir auch nicht, ob es ein seelisch verletztes Kind ist oder ob es ganz ›normale‹ gelegentliche Verhaltensabweichungen hat wie andere Kinder auch.«

Natürlich ist es hilfreich, wenn wir definitiv wissen, was dem Kind in seinem frühen Leben widerfahren ist. Doch es ist nicht unbedingt erforderlich, Einzelheiten zu wissen. Kinder, die ihre Familie verlassen mussten und verschiedene Bezugspersonenwechsel hatten, waren immer erhöhten Belastungen ausgesetzt. Je jünger die Kinder in ihre neue Familie kommen, desto weniger frühe Stresserfahrungen bringen sie in der Regel mit. Doch auch vorgeburtliche Erfahrungen (z. B. Alkohol, Drogen, Rauchen, Stress, Gewalt) können sehr entscheidend sein.

Trauma und Traumatisierung

Das Wort »Trauma« kommt aus dem Griechischen und heißt »Wunde«. Unter einem Trauma verstehen wir nicht das Erlebnis selbst, sondern die Wunde, die in unserem Fühlen, unserem Nervensystem, unserem Körper zurückbleibt. Hier einige Definitionen von »Traumatisierung«: »Traumata treten durch Ereignisse auf, die die normalen Anpassungsstrategien des Menschen überfordern« (Weiß 2004, S. 17). »Ein Trauma tritt also ein, wenn das Geschehen größer ist als man selbst« (Bonus 2006, S. 35). »Psychische Traumatisierung lässt sich definieren als vitales Diskrepanzerlebnis zwischen bedrohlichen Situationsfaktoren und den individuellen Bewältigungsmöglichkeiten, das mit Gefühlen von Hilflosigkeit und schutzloser Preisgabe einhergeht und so eine dauerhafte Erschütterung von Selbst- und Weltverständnis bewirkt« (Fischer/Riedesser 2003, S. 375).

In diesen Definitionen werden die wichtigsten Aspekte eines traumatisch wirkenden Erlebnisses beschrieben: Lebensbedrohung, Hilflosigkeit, Handlungsunfähigkeit, Ohnmacht und Überwältigung gepaart mit der Erfahrung, dass die persönlichen Bewältigungsmöglichkeiten nicht ausreichen.

Auch die aus dieser Erfahrung resultierende dauerhafte Veränderung von Selbst- und Weltverständnis ist ein wichtiger Aspekt, wenn es darum geht, eine Erfahrung als traumatisierend einzustufen. Wir kennen Menschen, die schwere Katastrophen überlebt haben und dennoch keine dauerhafte Erschütterung von Selbst- und Weltverständnis davongetragen haben.

Ob Menschen nämlich mit Traumafolgestörungen reagieren, hängt von unterschiedlichen Faktoren ab: zunächst von ihrer individuellen Belastbarkeit, dann davon, ob sie schon früher im Leben traumatische Ereignisse durchlebt haben, vor allem aber von der Frage, ob sie eine Bewältigungsmöglichkeit hatten, also eine Möglichkeit, die Kontrolle über das eigene Leben zurückzugewinnen. Babys und Kleinkinder haben diese Möglichkeit kaum.

Der bekannte Traumaexperte P. A. Levine hat beobachtet, wie im Tierreich mit lebensbedrohlichen Situationen umgegangen wird. Er kommt zu dem Ergebnis: »Traumasymptome entstehen nicht durch das traumatische Erlebnis, sondern durch erstarrte Energie, die nach dem Abklingen des traumatischen Erlebnisses nicht aufgelöst worden ist« (LEVINE 1998, S. 28). Levine hat körper- und bewegungsorientierte Therapieformen für Menschen mit posttraumatischen Belastungsstörungen entwickelt, die wirkungsvoll sein können.

Wir wissen heute, dass Kinder unterschiedliche Ausstattungen von psychischer Widerstandsfähigkeit mitbringen und auf

Deprivation, Stress und traumatische Ereignisse verschieden reagieren. Unbestritten ist allerdings, wie hochempfindlich das noch nicht fertig entwickelte kindliche Gehirn ist und wie stark es von traumatischen Erfahrungen geprägt und in seiner Struktur verändert werden kann.

Reaktionsmöglichkeiten in bedrohlichen Situationen

Wie entstehen die als »inadäquat« oder als »abweichend« erlebten Verhaltensweisen seelisch verletzter Kinder?

BEISPIEL Der heute neunjährige Alexander lebte mit seiner Mutter Luise zusammen, bis er vier Jahre alt war. Luise war Anfang zwanzig und von ihrer Situation überfordert, als Alexander auf die Welt kam. Sie schwankte sehr in ihrer Verfügbarkeit für das Kind. Dazu gab es in den ersten Jahren viele kurz- und längerfristige Bezugspersonenwechsel. Luise ist schließlich mit der Unterbringung von Alexander einverstanden. Alexanders Vater war mit Luise eine Zeit lang befreundet, er hat die Vaterschaft anerkannt. Er hat nach Ansicht von Luise »nicht den Mut«, Alexander zu sehen.

Alexander lebt nun seit fünf Jahren in der Pflegefamilie, die noch drei eigene ältere Kinder hat, zwei Jungen und ein Mädchen. Die Pflegeeltern haben lange an sich gearbeitet, die junge Frau so zu respektieren, wie sie ist. Luise kommt monatlich einmal zu Besuch. Alexander genießt das Zusammensein mit ihr. Er hat eingesehen, dass seine Mutter selbst »wie ein großes Kind ist«, und lebt gern in der Pflegefamilie. Bei den Besuchen betont die Mutter: »Ich hab dich lieb und du bist mein Sohn. Es ist das Beste für dich, wenn du in der Pflegefamilie groß wirst. Die bieten dir mehr, als ich das kann.«

Als Junge ist es für Alexander besonders schmerzhaft, dass der Vater von ihm »nichts wissen will«. Alexander hat Angst, einmal so zu werden wie sein Vater: Er hat auch schon geäußert: »Warum soll ich jeden Tag in die Schule gehen? Mein Papa schlägt sich doch auch so durchs Leben.«

Alexander reagiert in vielem anders, als seine Pflegeeltern es von ihren Kindern kennen. Seine Triebbefriedigung steht vom Morgen bis zum Abend im Mittelpunkt. Er geht zu Hause und bei anderen Familien »an alles dran«. Er nimmt den älteren Jungen in der Familie T-Shirts oder CDs weg und leugnet dann, es gewesen zu sein. Er kann mit seinem Taschengeld nicht umgehen.

Kürzlich wollte er am Morgen nicht in die Schule gehen und erklärte: »Wir haben jetzt jeden Tag erst um halb neun Schule.« Die Pflegemutter wollte den Stundenplan sehen. Alexander fand ihn nicht und die Debatte zog sich länger hin. So kam Alexander verspätet zur Schule. Zum Lehrer sagte er: »Meine Mutter hat mich nicht rechtzeitig geweckt.«

Einmal rügte ihn der Lehrer: »Alexander, hör auf, mit deinem Mäppchen herumzuwerfen!« Da packte Alexander einen Stuhl, warf ihn dem Lehrer entgegen und rief: »Du sollst mal sehen, was wirklich werfen ist!« Der Lehrer ließ Alexander vom Pflegevater von der Schule abholen.

Manchmal ist Alexander »aus heiterem Himmel« aggressiv, stellt anderen ein Bein, zerstört Sachen. Dann verspricht er, es nicht wieder zu tun. Aber der Friede hält nie lange. Die Pflegemutter beklagt: »Alles muss ich zehnmal sagen. Nichts klappt von allein.« Der Pflegevater ist bedrückt, wenn Beschwerden aus der Schule kommen. Er bespricht mit Alexander, dass er an sich arbeiten müsse. Einmal nahm er am Unterricht teil. Da verhielt sich Alexander vorbildlich. ■

Wenn wir die Beschreibungen einiger Autorinnen und Autoren zusammentragen, so gibt es für Menschen vier Grundmuster, auf eine lebensbedrohliche, überwältigende Situation zu reagieren:

- Drohgebärden, Aggression, Kampf – der Feind, der mir nach dem Leben trachtet, wird angegriffen oder verjagt;
- Flucht – Weglaufen, sich in Sicherheit bringen;
- Erstarren, Totstellreflex, Einfrieren, Stillhalten;
- Dissoziation (Abtrennen, Verdrängen, »Vergessen«, Nichtwahrnehmen). Die Gefahrensituation wird ausgeblendet, in tiefere Hirnregionen abgespalten.

Viele früh seelisch verletzte Kinder reagieren in kleinen Konfliktsituationen des Alltags so, als ob sie wieder in einer lebensbedrohlichen Situation wären. Sie sehen ihre Umwelt unter dem Blickwinkel: *Was könnte für mich gefährlich werden?* Manche Kinder wenden überwiegend eines der vier Grundmuster an, andere kombinieren Anteile aus allen vier Mustern. Bindungsangebote können Gefahren sein, weil sie zu einer Bedrohung durch einen neuen Verlust führen könnten. Eine Gefahr kann bereits eine unbedeutende Kritik sein, durch die das Kind subjektiv seine ganze Person, seine Existenz infrage gestellt fühlt. Dies erklärt, weshalb zum Beispiel ein Kind, dem gesagt wird, dass noch einige Fehler in den Hausaufgaben seien, plötzlich »ausrastet«, die Bezugsperson mit Gegenständen bewirft oder sein Arbeitsblatt zerreißt.

Literatur ▸ Wie Kinder und Jugendliche traumatische Erlebnisse überwinden können, das haben P. A. Levine und M. Kline (2005) zusammengetragen.

Frühe Stresserfahrungen und ihre Auswirkungen auf die Persönlichkeit

Jedes Kind hat andere Stärken und andere »Schwachstellen«. Dennoch gibt es einige typische Folgen früher Stresserfahrungen, die bei vielen betroffenen Kindern in unterschiedlicher Ausprägung auftreten können. Hier werden zunächst nur die Verhaltensweisen beschrieben; wie Bezugspersonen darauf reagieren können, wird im Kapitel 8 ausgeführt.

Die kognitive, intellektuelle Entwicklung

Viele seelisch verletzte Kinder haben Konzentrations- und Lernprobleme. Manche sind in ihren sprachlichen oder motorischen Fertigkeiten eingeschränkt. Seit der Hospitalismusforschung durch René Spitz wissen wir, dass frühe Deprivation Einflüsse auf die Intelligenzentwicklung hat. Das konnte durch die moderne Hirnforschung inzwischen bestätigt werden. »Es scheint also, als ob das juvenile Gehirn seine Aktivitäten während angst- und stressbeladener Situationen auf ›Sparflamme‹ setzt« (Braun u.a. 2005, S. 53).

Da die Kinder in anderen Bereichen so viele positive Reifungsschritte vollziehen können, ist es für die Bezugspersonen oft schwer nachzuvollziehen, dass das Kind in einigen Bereichen manches nicht so gut oder erst verspätet lernen kann. Manchmal wird sogar schon vorhandenes Wissen und Können wieder »vergessen«.

Häufig wird bei seelisch verletzten Kindern das ADHS (Aufmerksamkeitsdefizit-Hyperaktivitäts-Syndrom) diagnostiziert. Doch dieses Etikett trifft nicht den Kern. Denken wir an die

Erklärung von P. A. Levine, der den nicht ausgeführten Fluchtreflex für Hyperaktivität und Unruhe verantwortlich macht. Auch K. H. Brisch und T. Hellbrügge sehen Zusammenhänge zwischen Aufmerksamkeitsdefizit- und Hyperaktivitätsstörungen und frühen Traumata. Selbst Traumata der Eltern können in »Normalfamilien« Hyperaktivitätsstörungen beim Kind auslösen (Brisch/Hellbrügge 2006, S. 233). Deshalb wäre es eine Gefahr, die Lernprobleme von seelisch verletzten Kindern auf die Diagnose ADHS zu reduzieren. Fünfzig »sanfte« Möglichkeiten, das Verhalten eines Kindes zu verbessern, hat T. Armstrong (2002) zusammengetragen.

Regressives Verhalten

Viele Kinder können zwar nach einem Umgebungswechsel erhebliche positive Schritte gehen, doch in einigen Bereichen ihrer Persönlichkeit verharren sie oft noch auf frühkindlichen Stufen. Manchmal nässen oder koten Kinder noch ein. Sehr schnell tritt bei ihnen das Gefühl ein, überfordert zu sein. Mitunter mangelt es ihnen an der seelischen Energie, Aufgaben zu übernehmen und zu erledigen.

Auch den meisten Erwachsenen ist der Widerspruch zwischen dem Bedürfnis nach Regression (Lust, Vergnügen, Befriedigung von Süchten) und der Verpflichtung, bestimmte Leistungen und Verantwortlichkeiten zu erfüllen, nicht fremd. Sie tragen mehrmals täglich einen kleinen inneren Kampf aus, ob sie eine Arbeit jetzt erledigen oder lieber verschieben, ob sie ihren Sport durchführen oder ihn ausfallen lassen.

Manche Kinder sind unbeherrscht und leben im Augenblick wie ein einjähriges Kind. Ob beim Geld, Essen, Fernsehen, in der

Zeiteinteilung – viele seelisch verletzte Kinder sind grenzenlos, leben situativ, können nicht planen, können sich selbst nicht gut steuern und für sich selbst nicht gut Verantwortung übernehmen. Kurzfristiges Glück zählt. Etwas für sie Dringendes auf später zu schieben fällt ihnen schwer und klappt oft nicht ohne heftige Proteste. Pflichten hingegen werden nur allzu gern aufgeschoben.

Umgang mit Gefühlen und Dingen

Kinder mit frühen Stresserfahrungen können, wenn sie Angst haben oder unsicher sind, dies oftmals nicht wahrnehmen und auch nicht zugeben, weil diese Gefühle abgespalten werden. Manche protzen oder prahlen stattdessen und überspielen ihre Gefühle. Auch Druck oder Strafen von Erwachsenen verfehlen oftmals ihre Wirkung, weil das Kind die Stressgefühle, die damit verbunden sind, abtrennt. Sobald also große Emotionen und Affekte bei den Erwachsenen auftreten, muss das Kind »zumachen«. Kurz nach Konflikten sind diese Kinder schnell wieder friedlich und beruhigt, sie wirken, als sei nichts gewesen.

So wie mit ihnen einst umgegangen wurde, gehen sie jetzt mit ihren eigenen Sachen um. Gegenstände, die sie in die Hände nehmen, zerbrechen öfter als bei Gleichaltrigen üblich. Ihre Schulsachen sind häufiger als bei anderen in Unordnung. Stifte, Hefte oder ein Buch fehlen. Spielsachen gehen schnell kaputt oder verloren, oder sie werden großzügig an andere verschenkt. Auch mit ihrem Taschengeld können viele der Kinder nicht gut umgehen. Sie leihen sich Dinge aus und »vergessen«, sie zurückzugeben.

Manchmal zeigt ein Kind wochenlange Vorfreude auf ein bestimmtes Geschenk oder eine größere Anschaffung. In seinem

Besitz, wird die erwünschte Sache rasch »uninteressant«, geht unabsichtlich kaputt oder wird sogar verschenkt.

Selbstfürsorge und Selbststeuerung

Zwar steht das Durchsetzen eigener Interessen für viele Kinder im Mittelpunkt ihres Handelns und Strebens, doch hier handelt es sich oft auch um Bedürfnisse, die dem Kind nicht guttun. Meist können sie nicht für sich selbst im guten Sinne sorgen: Gut zu sich zu sein setzt voraus, sich selbst gut zu finden und sich selbst für wertvoll zu erachten.

Zudem ist es vielen seelisch verletzten Kindern und Jugendlichen zu aufwendig, sich zu waschen, zu duschen, einzucremen. Das Gutsein zu sich selbst, sobald damit auch nur kleine Anstrengungen verbunden sind, möchten sie umgehen. So sollten von den Bezugspersonen täglich alle kleinen Pflichten immer wieder (liebevoll) neu eingefordert werden. Auch auf ihre Kleider achten viele seelisch verletzte Kinder und Jugendliche nicht. Auch fällt es ihnen schwer, etwas in Ruhe zu genießen, sondern sie überlegen schon, was sie als nächstes Ziel ansteuern können.

Gewissensbildung

Hirnforscher haben die Hypothese entwickelt, dass es in der frühen Hirnreifung Entwicklungszeitfenster für bestimmte Gehirnregionen gibt. Fehlt die entsprechende Stimulation der Umwelt in sensiblen bzw. kritischen Phasen, dann bilden sich die entsprechenden neuronalen Verschaltungen (Synapsen) in der jeweiligen Gehirnregion nicht aus oder auch zurück, weil das Gehirn davon ausgeht, dass sie nicht benötigt werden (Egle u.a. 2005).

Hatte ein Kind in der frühen Zeit keine kontinuierliche Bindungsperson, die es nachahmen konnte, mit der es sich identifizieren, deren Werte und Normen es verinnerlichen konnte, dann fehlt es ihm an einer zuverlässigen Regulation von innen, die es vor Grenzüberschreitungen und Regelverletzungen schützt, die wir als »Gewissen« umschreiben. »Ohne emotionale Bindung gibt es keine Gewissensbildung und so bleiben diese Kinder ohne autonome, zwingende Verhaltensregelung aus der Tiefenschicht« (Schenk-Danzinger 1990, S. 119).

Die Kinder können zwar ihr Verhalten mitunter ändern, weil sie nicht wollen, dass der Erwachsene ärgerlich ist, doch sie können noch nicht nachvollziehen, *warum* der Erwachsene ärgerlich ist. In Gegenwart geliebter Menschen können sie sich beherrschen, doch wenn die Orientierungsperson nicht anwesend ist, handeln sie nach ihren Impulsen.

BEISPIEL Als der Pflegevater von Alexander dem Unterricht beiwohnt, kann sich Alexander recht gut anpassen. Alexanders Fähigkeit, sich selbst zu steuern und zu beherrschen, ist an die Präsenz von nahen Bezugspersonen gekoppelt. ■

Das menschliche Gehirn ist glücklicherweise so komplex und flexibel, dass viele Kinder durch langfristige liebevolle, korrigierende Bindungsangebote später doch noch bestimmte Lernprozesse vollziehen und die Gewissensbildung *neu* lernen, wie eine zweite Sprache. Doch dies dauert manchmal Jahre.

Empfindlichkeit gegenüber Kritik

Nicht nur Kinder, auch viele Erwachsene haben Schwierigkeiten, Kritik auszuhalten. Kritik kann von Menschen nur angenommen werden, wenn sie ein festes Selbstvertrauen haben. Wer sich selbst mag und sich vertraut, mit sich »im Reinen« ist, kann souverän prüfen, ob die Kritik des anderen unberechtigt oder berechtigt ist. Und wenn sie für berechtigt gehalten wird, kann sie sogar als hilfreich angenommen werden.

Seelisch verletzte Kinder stehen nicht auf diesem sicheren Fundament. Bei einem kleinen »Du hast da etwas falsch gemacht« geraten sie in Panik und in einen Ausnahmezustand. Sie haben das subjektive Gefühl, die Bindung zu ihrer Bezugsperson sei abgerissen. Sie haben das Gefühl, sie seien überhaupt nichts mehr wert und die Bindungsperson würde sie jetzt nicht mehr lieben und achten. Deshalb leugnen viele seelisch verletzte Kinder ein Fehlverhalten so hartnäckig, oft sogar noch, wenn sie längst überführt worden sind. Sie wollen damit eigentlich vor ihren Bindungspersonen unangefochten dastehen und die Bindung sichern.

Die veränderte Wahrnehmung der Welt

Wenn die Pflegeeltern das Gefühl haben, jetzt hat ihr Pflegekind etwas verstanden, eingesehen, so ist es manchmal schon am Tag darauf so, als ob alles nicht gewesen wäre. Viele Kinder mit frühen Beziehungsabbrüchen und schmerzlichen Lebenserfahrungen werten die Erfahrungen nach Gesetzmäßigkeiten aus, die ihre Bezugspersonen nicht nachvollziehen können. Mitunter behaupten sie Dinge, die sie für ihr Alter längst als nicht zutreffend wissen sollten. Viele früh seelisch verletzte Kinder geben beständig Widerworte, behaupten von vielem das Gegenteil. Sie deuten Erlebtes um. Manche dieser Kinder haben auch Probleme im Umgang mit der Zeit und den Begriffen wie Morgen, Übermorgen, Gestern. Ihr Realitätsbezug wechselt. Wir haben oben gesehen, dass diese Reaktionen in den Bereich des dissoziativen Verhaltens gehören. Das Schreckliche musste früh ausgeblendet werden, nun werden auch aus der Warte von Erwachsenen gar nicht so schreckliche Erfahrungen »abgetrennt«.

Manche Kinder haben ein reduziertes Schmerzempfinden. Andere riskieren viel und ziehen sich oft Verletzungen zu. Wieder andere haben kein sicheres Körpergefühl, merken zum Beispiel viel später als geborgen aufgewachsene Kinder, ob ihnen zu kalt oder zu warm ist. Bei manchen traumatisierten Kindern brechen offene Angst und Panik angesichts von Neuem und Fremdem aus. Immer wieder haben wir es mit scheinbar unangemessenen Reaktionen zu tun. Das Kind hat in vielen Bereichen eine andere Wahrnehmung von der Welt als die erwachsenen Bezugspersonen.

Gefahrenzone Schule

Weil seelisch verletzte Kinder Angst davor haben, ausgeliefert zu sein, können sich viele von ihnen in der Schule nicht »einfügen«. So manches Kind, das sich einst überwältigt und ohnmächtig fühlte, ist nun »allergisch« gegen die Fremdbestimmung. Es kann nur schwer ertragen, von außen bestimmt, reglementiert und gesteuert zu werden, wie dies in unserem Schulsystem üblich ist. Es hat ein großes Bedürfnis, andere zu steuern und die Kontrolle und Regie zu übernehmen. Es ist wichtig für das Kind, auf der Hut zu sein, ob jemand ihm zu nahe tritt, ob andere Kinder es mögen oder nicht, ob jemand ihm »nach dem Leben trachtet«. Die emotional-sozialen Prozesse kosten so viel seelische Energie, dass so manches Kind nicht die Kapazität hat, den Lernstoff in der Schule problemlos aufzunehmen.

Kinder mit frühen Stresserfahrungen haben oftmals erhebliche Schwierigkeiten, den Wechsel zwischen Privatheit und Öffentlichkeit zu vollziehen. Eine Ausnahme bilden hier überangepasste und stille Kinder. Sie versuchen, in der Schule zu »funktionieren« und nicht aufzufallen.

Ergreifen Eltern die Partei der Schule und stellen sich überwiegend auf die Seite der Ordnungen und der Öffentlichkeit, so ist auch der private, persönliche Schutzraum des Kindes durchdrungen von den als gefährlich erlebten Anforderungen von Schule und Öffentlichkeit (Rech-Simon/Simon 2008).

Die Beziehung zu Gleichaltrigen

Viele Kinder mit frühen Stresserfahrungen können sich gegenüber Gleichaltrigen recht angemessen, interessiert und solidarisch verhalten, gerade wenn sie eine Zeit im Kinderheim oder in einer größeren Geschwistergruppe gelebt haben. Dort haben sie soziale Kompetenzen entwickelt. Andere hingegen übertragen ihre veränderte Sichtweise von der Welt und ihr Bedürfnis, autonom zu sein und alles unter Kontrolle zu bekommen, auch auf Gleichaltrige. Manche gehen schnell Freundschaften ein und kündigen diese bald schon wieder auf. Oder sie wollen ständig den Ton angeben. Manche der Kinder können nur gut mit viel jüngeren oder viel älteren Kindern zurechtkommen. Hier sind die Macht- bzw. Ohnmachtsverhältnisse von vornherein geklärt.

Vielen Kindern fällt es schwer, eine gleichrangige Beziehung zu einem anderen Kind über längere Zeit aufrechtzuerhalten. Manchen früh misshandelten Kindern fällt es schwer zu erkennen, ob ein Kind in freundlicher oder »gefährlicher« Absicht auf sie zukommt, und reagieren dann »vorsorglich« aggressiv und mit Drohgebärden.

Sind seelisch verletzte Kinder »familienfähig«?

Auch heute noch werden viele Kinder mit frühen Stresserfahrungen in Pflege- und Adoptivfamilien vermittelt. Auch ausländische Adoptivkinder sind häufig von frühen Stresserfahrungen geprägt. Sie stellen die annehmenden Familien vor große Herausforderungen.

In Großbritannien, den Niederlanden und Kanada wurden die psychischen Auswirkungen früher Heimerziehung und Deprivation an Adoptivkindern aus rumänischen Heimen untersucht. Die Forscher fanden eine Mischung von vier Verhaltensmustern als Folge früher Deprivation oder posttraumatischer Belastungsstörung:

- Bindungsprobleme,
- Unaufmerksamkeit/Hyperaktivität,
- dem Autismus ähnliche Verhaltensweisen und
- kognitive Beeinträchtigungen.

Nur zwei Fünftel aller Kinder, die bei der Adoption älter als zwei Jahre waren, hatten acht Jahre nach der Adoption keine Verhaltensauffälligkeiten (Rutter 2006, S. 101–103). Fritz Redl und David Wineman beschrieben schon 1979 in ihrem Buch *Kinder, die hassen* seelisch stark verletzte Kinder. Sie schlugen vor, solche Kinder in Einrichtungen unterzubringen, in denen sich die Bezugspersonen den Kindern professionell intensiv zuwenden, da sie in Familien oft erneut scheitern müssten.

Ob ein Kind »familienfähig« ist, kann nie eindeutig beantwortet werden, denn es hängt auch von der Frage ab: Wie viel können annehmende Eltern aushalten und können sie dem Kind dennoch Wärme und Wertschätzung vermitteln? Wenn annehmende Eltern Stabilität, Belastbarkeit und Unabhängigkeit vom Geliebt-werden-Wollen durch das Kind entwickeln, so können auch viele seelisch verletzte Kinder in Familien eine unerwartet gute Entwicklung nehmen.

Leider nicht erforscht wurde, wie stressresistent und akzeptierend die Adoptiveltern auf die Verhaltensauffälligkeiten ihrer Kinder reagierten. Andere Studien zeigen nämlich, dass belastbare und in ihrem Bindungsangebot stabile annehmende Eltern einen positiven Einfluss auf die Entwicklung ihrer Kinder haben (siehe Kapitel 8).

Wenn die annehmenden Eltern den verletzten Teil der Persönlichkeit des Kindes nicht begreifen und akzeptieren, wenn sie verzweifeln und gekränkt sind, so sind dies neue Stresserfahrungen für das Kind. Dann reagiert es erst recht mit vermehrten »Verhaltensstörungen«, die gar keine »Störungen« sind, sondern höchst angemessene Reaktionen auf ein unsicheres Bindungsverhalten der Erwachsenen.

Es gibt Familien, die dem Kind innerlich gestatten, kompliziert und widersprüchlich zu sein, die aber auf der Verhaltensebene um gute Lösungen ringen.

Es gibt andere Eltern, die in erster Linie erwarten, dass sich das Kind ihrer Familie anpasst. Dies können jedoch manche Kinder nicht in dem erforderlichen Umfang (siehe Kapitel 4 und 6). Hier kommen annehmende Pflege- und Adoptiveltern dann in die Notlage, sich von dem Kind zu trennen und ihm einen erneuten Bruch zuzumuten.

Eine ganze Reihe Pflege- und Adoptivkinder kommen ins Heim oder leben in Internaten, weil die sozialen Eltern mit ihnen nicht mehr Tag für Tag zusammenleben können. Eine wichtige Schadensbegrenzung können Pflege- oder Adoptiveltern vornehmen, wenn sie dem Kind zumindest zusichern können: »Es lag nicht an dir! Wir konnten nicht immer das Richtige für dich tun!« Entscheidend ist, dass die Erwachsenen ihre Beziehung und Zuneigung zum Kind aufrechterhalten. Dies ist in solchen Situationen wichtiger als das Zusammenleben.

Die Zauberkraft in mir
Gleich gehen wir spielen,
doch erst noch zeigst du mir
wie du entdeckst die Zauberkraft in dir.
Nimm dir Zeit, um zu spüren,
und schau dir einmal an,
was dein Körper alles sein kann.
Er kann sich weiten zu einem hohen Baum
mit Ästen, die zum Himmel reichen,
und Zweigen, die die Wolken streicheln.
Mit Wurzeln an den Füßen und mit Blättern,
die im Winde wehen.
Sag mir, wie fühlt sich das an,
eine große Eiche zu sein, mit einem starken Stamm?
(LEVINE/KLINE 2005, S. 186)

Um das Zusammenleben mit einem Kind zu meistern, das neben kreativem, erfreulichem und beglückendem Verhalten immer mal wieder Misstrauen, Wut und Unruhe in seine Familie trägt, bedarf es innerer Unabhängigkeit der annehmenden Eltern, gepaart mit Wertschätzung und Achtung gegenüber dem Kind.

Wir alle sehnen uns nach der bedingungslosen Liebe, dem Angenommenwerden, nur weil es uns gibt, ohne erst eine Leistung erbringen zu müssen. So geht es auch unseren Kindern. Annehmende Eltern sollten einen langen Atem haben in Bezug auf den gewünschten Erfolg ihrer Erziehungsbemühungen. Ihr seelischer Haushalt sollte sehr langfristig ausgerichtet sein, und zwar bis hinein in die Erwachsenenzeit des Kindes.

Das bedeutet, sich immer wieder klarzumachen: »Wenn ich all das als kleines Kind erlitten hätte, wäre ich auch unbeherrscht, verschlossen, schwierig, aggressiv.« Und zugleich benötigt das Kind ein Höchstmaß an Sicherheit, verstehbaren Grenzen und einschätzbarem Verhalten der Erwachsenen. Die Kinder brauchen Orientierung, Kontinuität in den elterlichen Reaktionen, Gewohnheiten, Strukturen, Rituale. Aber sie empfinden Zwang, Angeschrienwerden und Zurechtweisung als unerträglich, so wie andere Menschen lebensbedrohliche Gewalt. Sanktionen erzeugen neuen Stress im Kind. Deshalb sind Deeskalationsstrategien, das Vermeiden von Reibungsflächen als inneres Programm der Erwachsenen unverzichtbar.

Die Kunst ist, rechtzeitig zu entscheiden: Was ist mir wichtig? Wo bleibe ich entschieden? Was ist weniger wichtig? Wo gebe ich nach, lasse ich locker? Wo lässt sich Streit vermeiden, indem ich das Autonomiebestreben des Kindes anerkenne?

Die innere Haltung der erwachsenen Bezugspersonen

Das Kind mit seinen Besonderheiten achten

Alle Eltern wollen ihren Kindern nicht nur alles geben, was sie können, sondern von ihren Kindern auch etwas beziehen: gegenseitiges Verstehen, Fortschritte, Nähe, Verbundenheit. Erwachsene, die mit einem seelisch verletzten Kind leben, können auf diesen Kreislauf von beständigem Geben und Zurückbekommen mitunter nicht im üblichen Sinne bauen.

Pflege- und Adoptiveltern, die auch leibliche Kinder haben, sollten viele bisherige Erfahrungen über Bord werfen. Ihre Kinder hatten meist eine sichere Basis, hatten keine so schweren

Brüche im Leben auszuhalten. Kinder bringen ihren Eltern und die Eltern ihren Kindern ein Grundvertrauen entgegen. Beim seelisch verletzten Kind funktioniert diese Gesetzmäßigkeit zeitweise nicht und oftmals ganz anders. Bei einem Kind, das früh seelische Narben davongetragen hat, die wir von außen nicht erkennen können, sollten annehmende Eltern andere Wege entdecken, um ihren Kindern zu helfen und sie zu unterstützen.

BEISPIEL Alexanders Pflegeeltern haben für sich selbst zunächst folgende neue innere Haltung erarbeitet: *Wir wollen uns anders verhalten als ›Normaleltern‹. Wir wollen an uns arbeiten, uns nicht aufzuregen, sondern gelassener zu werden. Wir wollen begreifen, dass Alexander eine andere Seelensprache spricht. Diese Sprache wollen wir verstehen lernen. Wir verlangen auch von euch großen Kindern, dass ihr versteht, dass Alexander vieles, als er klein war, nicht lernen konnte, was für euch selbstverständlich ist. Er erlebt die Welt anders als wir. Wir wollen ihm deshalb nicht mehr böse sein und ihn dabei unterstützen, die Welt langsam auch mit unseren Augen sehen zu lernen. Wenn wir Druck ausüben, dann ängstigt ihn das. Wir wollen alle zusammen versuchen, humor- und liebevoll zu reagieren, und Alexander geduldig vorleben, was in Ordnung ist und was nicht.* ■

Oft fragen Pflege- oder Adoptiveltern (aber auch alle anderen Eltern) ihre Kinder aus, warum sie diese oder jene Verhaltensweise gezeigt haben, warum sie in der Schule nicht aufpassen oder den Clown spielen usw. Manche Kinder geben darauf durchaus Antworten, die aber werden von den Bezugspersonen oft als Ausreden erlebt. In Wirklichkeit wissen Kinder oft nicht genau, weshalb sie das eine oder andere tun, und erst recht nicht, dass es sich um Überlebensmuster aus ihrer Vergangenheit handelt. Auch wir Erwachsenen wissen das nicht immer, wenn es um unser eigenes Verhalten geht. Das bedeutet: Viele der Geschehnisse des Alltags sollten Eltern so annehmen, wie sie sind, und nicht immer hinterfragen, gleichwohl sollten sie auf der Verhaltensebene nach Lösungen suchen.

Manche Bezugspersonen sind sich nicht im Klaren darüber, ob das Kind etwas nicht lernen und verstehen *kann* oder ob es dies nicht *will*. Auch das ist eine Frage, die gar nicht wirklich geklärt werden kann und nicht mehr gestellt werden sollte! Wichtig ist, anzuerkennen, dass das Kind – durch seine frühen seelischen Verletzungen und seine veränderte Sicht der Welt – oft nicht genug Energie zur Verfügung hat, um kontinuierlich die Leistung zu erbringen, die von ihm gefordert wird.

Die Angst vor der Zukunft zur Seite schieben

Viele annehmende Eltern argumentieren: »Ja, aber das Kind muss doch ..., wenn es später ...; ich will, dass es sein Leben später meistert!« Dies ist wohl das Schwerste: auszuhalten, dass es offen ist, ob, wann und wie das Kind sein zukünftiges Leben bewältigen wird. Das bedeutet aber auch, die Angst vor der Zukunft wegzuschieben. Hilfreich ist hier, die Bereitschaft in sich selbst zu wecken, dem Kind die entsprechende Hilfestellung und Rückendeckung zu geben, und zwar egal, was später kommt.

BEISPIEL Alexander benötigt die Akzeptanz seiner Bindungspersonen, dass er Verbindlichkeit und Verantwortlichkeit erst mühsam lernen muss, und zwar durch tägliches Üben, wie etwa das Spielen eines Musikinstruments oder eine neue Sprache. Nicht durch Strafe, sondern durch Ermutigung und

Training kann Alexander langsam lernen, dass er nur etwas von anderen nehmen darf, wenn er zuvor deren Einwilligung eingeholt hat.

Die Pflegeeltern sollten also zwei Ebenen unterscheiden:

Die eine Ebene ist die der inneren Haltung. Auf dieser Ebene sollten sie nachvollziehen, dass Alexander nicht etwas wegnimmt, weil er seine Pflegeeltern schädigen oder enttäuschen will, sondern weil er das Genommene in diesem Augenblick unbedingt haben wollte, ohne die Konsequenzen zu überblicken. Von dieser Ebene aus lernten sie, Alexander zu sagen: »Ich glaube, ich kann nachvollziehen, dass du das Geld in diesem Augenblick unbedingt haben wolltest. Und an etwas anderes hast du nicht gedacht. Ich bin dir deshalb nicht böse!«

Die zweite Ebene ist die Handlungsebene. Auf dieser Ebene muss Alexander lernen, sich selbst zu begrenzen: »Wir wollen aber, dass du lernst, künftig nur etwas an dich zu nehmen, wenn du auch gefragt hast. Und wenn wir Nein sagen, lässt du die Finger davon. Wenn du Sachen oder Geld bei anderen wegnimmst, dann schaffst du dir viele Feinde. Wir wollen aber, dass die anderen dich mögen. Deshalb werden wir mit dir üben, dich zu beherrschen und Stopp zu sagen. Wenn du etwas angestellt hast, dann wollen wir einen Weg finden, dass du das wieder in Ordnung bringst!«

Alexanders Pflegeeltern entwickelten kreativ Übungs- und Trainingssituationen, um Alexanders Fähigkeit, Selbstkontrolle zu üben, zu unterstützen. So legten sie zum Beispiel im Rollenspiel 10 Euro auf den Tisch im Flur und Erwachsene und Kinder gingen daran vorbei und dachten laut: »Wie gern würde ich die jetzt nehmen. Aber ich sage Stopp zu mir selbst und beherrsche mich. Ich nehme den Schein nicht!«

Da die Pflegeeltern Alexander in der Schule nicht fernsteuern können, arbeiteten sie auch eng mit dem Lehrer zusammen und informierten ihn über Alexanders andere Wahrnehmung der Welt. Zugleich baten sie ihn, Alexander in der Schule mehr als andere Kinder in konstruktiver Weise von außen zu »steuern«.

Der Pflegevater schenkte Alexander eine kleine »Zauberglaskugel«. Die durfte er in seiner Hosentasche mit in die Schule nehmen. Immer wenn er die Kugel berührte, sollte Alexander sich vorstellen, sein Pflegevater säße hinter ihm in der Klasse. Und sofort würde Alexander wieder wissen, wie er sich verhalten sollte. ■

Eine bekannte Untersuchung zur Erforschung von Resilienz wurde von E. Werner und R. Smith auf der hawaiianischen Insel Kauai durchgeführt. Alle Inselbewohner des Geburtsjahres 1955 wurden langjährig untersucht. Von den Menschen mit schweren, risikoreichen Kindheitsbedingungen bewältigte ein Drittel mit 18 Jahren das eigene Leben. Zwei Drittel hatten erhebliche Schwierigkeiten. Diese zwei Drittel wurden zu einer »Risikogruppe« zusammengefasst und im Alter von 32 Jahren erneut untersucht (Werner/Smith 1992). Nun hatten sich zwei Drittel dieser noch mit 18 Jahren problembelasteten jungen Menschen zu Erwachsenen entwickelt, die mit ihrem Leben gut zurechtkamen (Furman 2008). Die meisten Menschen können lebenslang emotional und kognitiv nachreifen. Adoptiv- und Pflegeeltern benötigen hier jedoch oft einen langen Atem und viel Geduld. Es ist also nie zu spät, eine glückliche Kindheit zu haben, sagt B. Furman (2008).

Hilfen und Schutzfaktoren für das alltägliche Zusammenleben

Bewährt hat sich, kontinuierlich die Ressourcen und Stärken des Kindes hervorzuheben. Ben FURMAN (2011) beschreibt in seinem Buch *Ich schaffs!*, wie hilfreich es ist, Defizite umzudeuten in Fähigkeiten, die das Kind noch nicht erlernt hat, und statt Kritik (»Sei nicht so aggressiv!«) die Fähigkeit positiv zu beschreiben, die das Kind noch lernen muss: »Wir wollen zusammen herausfinden, wie es dir gelingen kann, zu deinen Klassenkameraden freundlich zu sein.« Ben Furman beschreibt ein sehr wirkungsvolles 15-Punkte-Programm, um mit Kindern die erwünschten Fähigkeiten einzuüben.

Bevor das Kind Kritik an sich heranlassen kann, muss zunächst die Beziehung gefestigt werden. Wirkungsvoll ist, wenn die Bezugspersonen zunächst tief Luft holen (an ihrer Selbstberuhigung arbeiten) und, bevor sie ihren Ärger und Zorn aussprechen, dem Kind etwas Positives sagen: »Du bist ein so klasse Kind! Aber das hier ärgert mich jetzt gerade!«

Glücksmomente sammeln

Auch die Anwendung der Ergebnisse aus der Ressourcen- und sogenannten Glücksforschung hat sich bewährt. Das bedeutet, nicht mehr die Misserfolge, also die Konflikte in den Mittelpunkt des Erlebens zu stellen, sondern die positiven Bilanzen, die glücklichen Momente. Indem diese täglich gesammelt und dokumentiert werden, können sich die positiven Erfahrungen vermehren.

Wenn ein Kind nach einem schönen Ausflug plötzlich »überdreht« ist und »ausrastet«, dann erklären Eltern manchmal: »Nun hast du uns den schönen Tag ganz verdorben.« Dabei wäre die gegenteilige Aussage so viel ermutigender: »Die vielen schönen Freudenmomente des heutigen Tages bleiben bestehen, auch wenn du jetzt gerade schlecht drauf bist, das geht schon wieder vorbei! Ich muss immer noch an das Schöne von heute denken.«

So wie sich Stresshormone in unserem Gehirn ausbreiten und zu mehr Stress führen, so vermehren sich Glückshormone, indem wir die glücklichen Momente des Tages und des Lebens immer wieder erinnern und die Glücksgefühle bewusst zurückholen. Wenn Eltern jeden Abend eine Bilanz des Positiven an diesem Tag ziehen oder gar ein Freuden-, Erfolgs-, Glückstagebuch zusammen mit dem Kind führen, dann stärken sie die Ressourcen des Kindes und seine Fähigkeit, zufriedener zu werden (KLEIN 2006, siehe auch Kapitel 8). Das funktioniert übrigens auch bei uns Erwachsenen ganz hervorragend!

Den Realitätssinn des Kindes stärken

Kinder mit unsicheren Normen und mangelndem Realitätsbezug brauchen Menschen, die sich besonders klar und durchschaubar verhalten. So lernen sie ganz langsam, sich zu orientieren, dem Erwachsenen zu vertrauen und neue zwischenmenschliche Normen und Regeln durch Nachahmung zu übernehmen. Die Erwachsenen sollten:

- nicht lügen oder das Kind täuschen;
- sich selbst mit anderen Erwachsenen offen auseinandersetzen;
- klar und eindeutig sprechen und handeln;
- das Kind klar informieren und rechtzeitig auf bevorstehende Ereignisse vorbereiten;

- das Kind rechtzeitig an Realitäten beteiligen, die das Kind selbst betreffen;
- keine falschen Vorhersagen treffen;
- bei Forderungen immer den Zeitpunkt benennen: »Jetzt sofort« oder »Heute Abend, bis um sechs Uhr, hole bitte die Getränke aus dem Keller«;
- nicht ironisch sein;
- aufrichtig und durchschaubar sein;
- übereinstimmen in dem, was sie fühlen, und dem, was sie sagen.

Viel stärker, als dies uns Erwachsenen bewusst ist, lernen Kinder von uns durch Nachahmung. Wie lösen wir Konflikte? Welche Verhaltensmuster und welche Gewohnheiten haben wir? Sind wir ehrlich zu uns selbst? Sind wir schnell erregt oder versuchen wir uns zu beherrschen? Das und noch viel mehr schauen sich Kinder und Jugendliche in jedem Moment des Zusammenlebens von uns ab!

Resilienz und Selbstvertrauen des Kindes fördern

Wir wissen heute, dass sich um negative Erfahrungen, die durch frühen Stress entstanden sind, quasi schützende Verbände legen, wenn beim Kind bewusst Selbstvertrauen und Mut gestärkt werden. So können die Sinneswahrnehmungen des Kindes geübt werden: Tastsinn, Geruchssinn, Hören, Sehen. Auch Elemente aus dem autogenen Training (Müller 2000) für Kinder können sehr hilfreich sein: »Stelle dir vor, du stehst im Wind. Was hörst du? Was spürst du?« Die Antworten können dokumentiert werden. »Stelle dir vor, du bist am Meer und springst in den Wellen herum: Was hörst du? Was fühlst du? Was riechst du?«

Die in jedem Kinderleben täglich neuen Erfahrungen können ausgewertet und bewusster wahrgenommen werden: Dem Kind soll täglich neu bewusst gemacht werden, wie reich das Leben an Erfahrungen ist und wie viel es in nur wenigen Stunden und Tagen immer wieder dazulernt. Von den hier genannten Übungen kann jeden Tag die eine oder andere umgesetzt werden:

- Was hast du in den letzten Tagen alles Neues gelernt? Ein Lied? Ein Gedicht? Eine Redewendung? Eine Geschichte?
- Was tue ich jeden Tag, um zu mir selbst gut zu sein? (Übungen der Selbstfürsorge)
- Wann habe ich heute gut für mich gesorgt?
- Du bist heute schon sieben Jahre und kannst schon lesen und Fahrrad fahren: Was kannst du noch alles? (Kontakt mit dem inneren »starken Kind« aufnehmen)

Oder:

- Dem kleinen Kind von früher oder einem Stofftier ein Nest oder eine Höhle bauen, es versorgen, es hüten und pflegen.
- Mit dem Kind einen glücklichen und sicheren Ort (Reddemann 2007) in der Fantasie entwickeln. In schwierigen Situationen kann es sich in Gedanken an diesen Ort begeben.
- Freudige und beruhigende Geschichten erzählen, schöne Bilder betrachten.
- Häufig singen, Gedichte und Reime sprechen.
- Bewegungsspiele, Tiere nachahmen, den Wind, ein Gewitter darstellen und danach wieder die Ruhe nach dem Sturm.
- Viel tanzen, Musik hören.
- Bei Ängsten: dem Kind ein starkes inneres Tier (etwa einen Tiger, Löwen) zum Schutz mitgeben. Talisman, Schutzengel.
- Den Atem und den Herzschlag beobachten (Übungen der Selbstachtsamkeit).

- Achtsamer Spaziergang: Einzelheiten genau beobachten.
- Lachen.
- Gefühle pantomimisch darstellen oder malen lassen.

Stabilisierend wirkt alles, was froh, leicht und vergnügt macht und was das Kind mit Erfolg bewältigt hat. Positive und glückliche Erlebnisse ermutigen und stärken das Kind. Sie fördern das innere Gleichgewicht. Zusammen herzlich zu lachen, zu singen, sich zu bewegen usw. gibt Kindern und Erwachsenen neue Energie.

Wege der Selbstkontrolle für die Erwachsenen

Jeder Mensch hat unterschiedliche Strategien, sich selbst zur Ruhe und Gelassenheit zu bringen, wenn der Stress zunimmt. Diese kritischen Situationen als Herausforderung anzunehmen gehört ebenfalls zu solchen Strategien. Energie geht verloren, wenn der Erwachsene sich innerlich gegen die unbequeme und schwierige Situation zur Wehr setzt und sich von seinem inneren Harmonieanspruch nicht löst. Wer sich hingegen schon am Morgen bereit macht, dass der Tag voller Herausforderungen steckt, die gelöst sein wollen, dem gelingt es besser, damit fertig zu werden (siehe Kapitel 4).

Manchmal hilft es bereits, Zeit zu gewinnen, wenn Kinder einen Erwachsenen bedrängen und unbedingt etwas haben wollen, und zu antworten: »Warte ein wenig. Ich muss darüber nachdenken.« In kritischen Situationen kann es helfen, wenn sich die Bezugsperson vorstellt, ob sie dies in zehn Jahren auch noch aufregen wird. Oder sie stellt sich vor, weit weg auf einem anderen Stern zu sein und von dort oben herunterzuschauen, was sie gerade treibt. Luise Reddemann empfiehlt, sich vorzustellen, eine Großaufnahme des Geschehens anzuschauen (REDDEMANN 2011).

Therapeutische Hilfen für seelisch verletzte Kinder

Viele Pflegeeltern und Fachleute hoffen, ein seelisch verletztes Kind könne seine schwere Geschichte in einer Kinderspieltherapie »aufarbeiten«. Doch es gibt Erfahrungen im menschlichen Leben, die so schmerzlich sind, dass das Wort »aufarbeiten« nicht passt. Frühe schwere Verluste und Stresserfahrungen lassen Spuren zurück, die noch viele Jahre wirken – vielleicht bis ans Lebensende. Doch es gibt Möglichkeiten, sie ins Leben zu integrieren.

Kinderspieltherapie kann eine Chance sein, dass das Kind mit sich in Kontakt kommt, zusätzliche Zuwendung erhält und sich selbst besser achten kann (WEINBERGER 2005). Sie kann aber nur wirken, wenn die elterlichen Bezugspersonen dem Kind Tag für Tag ebenfalls Achtung und Wertschätzung vermitteln, und zwar deutlich mehr positive Zuwendung als Kritik. Einige Kinder fühlen sich durch eine Kindertherapie unter Leistungsdruck gesetzt, »anders« werden zu müssen, als sie sind.

Manchen Kindern gelingt es, sich in den Therapiestunden von ihrer Sonnenseite zu zeigen. Einige Therapeuten schließen daraus, das Hauptproblem müsse allein an den Pflege- oder Adoptiveltern liegen. Viele wissen auch heute noch nicht genug über die Wirkungen früher Stresserfahrungen auf das tägliche Zusammenleben.

Therapeutische Hilfe für seelisch verletzte Kinder sollte bei Therapeutinnen und Therapeuten in Anspruch genommen werden, die über die Folgen früher Stresserfahrungen gut informiert sind oder in imaginativer Traumatherapie ausgebildet sind (Krüger 2007). Hilfreich ist auch die Kombination von therapeutischen Prozessen mit dem strukturierten Vorgehen in der Biografiearbeit.

Auch familientherapeutische Prozesse mit Blick auf die komplizierte Situation des Kindes zwischen leiblicher Familie und Pflegefamilie können entlasten. Sinnvoll ist intensive Elternberatung in einer Beratungsstelle für Eltern, Kinder und Jugendliche. Die regelmäßige Bearbeitung der Sorgen in Pflege- oder Adoptivelterngruppen kann nützlich sein.

Ebenfalls sehr wirkungsvoll für Kinder mit frühen Stresserfahrungen sind bewegungs- und körpertherapeutische Angebote. Therapeutisches Schwimmen oder therapeutisches Reiten, Motopädie, Ergotherapie, Massagen, Musiktherapie. Aber auch jede sportliche Aktivität in Vereinen oder regelmäßiges gemeinsames Joggen mit den sozialen Eltern oder älteren Geschwistern kann Kinder nach frühen Traumatisierungen ihr psychisches Gleichgewicht ein Stück zurückgeben.

Medikamentöse Behandlung?

Zunächst sollten alle Möglichkeiten ausgeschöpft werden, dem Kind oder Jugendlichen durch liebevolle, wertschätzende Hilfen, Rituale und Übungen, durch Lob und Stärkung seiner Ressourcen zu einer Verhaltensänderung zu verhelfen. Für viele »hyperaktive Kinder« kehrt auch mehr innere Ruhe ein, wenn ihr Konsum an Bildschirmmedien eingeschränkt wird, wenn sie in sportliche Aktivitäten eingebunden werden, wenn ihre Ernährung umgestellt wird (keine Phosphate, wenig Zucker, keine Konservierungsstoffe), mögliche Einwirkungen von Elektrosmog ausgeschlossen werden u. a.

In schweren psychosozialen Krisen kann die Not es manchmal erfordern, Methylphenidat (Ritalin) oder andere Psychopharmaka einzusetzen. Fachärzte sollten zunächst eine Testphase durchführen lassen, in der durch Placeboversuche geprüft wird, ob und welche Verbesserung durch das Medikament im schulischen und alltäglichen Verhalten erzielt wird.

Vorzüge und Nachteile von Psychostimulanzien sollten gründlich gegeneinander abgewogen werden, denn es handelt sich um einen sehr tiefen Eingriff in körperliche, neuronale und psychische Prozesse. Auch hat Ritalin häufig Nebenwirkungen: Appetitlosigkeit, Schlaflosigkeit, Bauchschmerzen, Benommenheit. Manche Kinder weinen schnell und geraten in eine eher depressive Stimmung. »Es liegen sogar Berichte vor, dass Ritalin die Kreativität eines Menschen einschränken kann. [...] Ein Schriftsteller benutzte Ritalin beim Korrekturlesen, nicht jedoch bei der kreativen, schriftstellerischen Arbeit.« (Armstrong 2002, S. 65)

Neben den körperlichen und psychischen Einwirkungen hat die Einnahme des Medikaments auch Wirkungen auf das Selbstwertgefühl der Kinder: Sie verfügen nicht selbst über die innere Kraft und Fähigkeit, sich erwünscht zu verhalten, sondern sie sind dafür auf eine Pille angewiesen. »Um erfolgreich zu sein – und das bedeutet, menschlich okay zu sein –, musst du ein Medikament/eine Droge einnehmen« (Armstrong 2002, S. 69).

Das Medikament greift erheblich in die Autonomie des Kindes ein und kann bei einem traumatisierten Kind möglicherweise wieder zum Gefühl von Ohnmacht und Stillhalten führen. Manche Kinder und Jugendliche weigern sich vehement, das Mittel einzunehmen, und sie kämpfen entschieden um ihre

Selbstbestimmung. Nur in Einzelfällen kann die neben anderen therapeutischen Hilfen zusätzliche medikamentöse Behandlung sinnvoll sein und unterstützend wirken.

Biografiearbeit mit Kindern und Jugendlichen

In Großbritannien ist die Biografiearbeit bereits gesetzlich verankert und wird dort von den sozialen Fachkräften mit jedem fremdplatzierten Kind praktiziert (LATTSCHAR/WIEMANN 2011). Indem weniger Energie in verwirrende, beunruhigende Details und unausgesprochene Themen fließt, werden beim Kind Energien freigesetzt, die zur Nachreifung genutzt werden können. Biografiearbeit ist keine Psychotherapie. Sie zählt zu den soziotherapeutischen Methoden, ähnlich wie die Ergotherapie, kann jedoch gut in eine Kinderpsychotherapie integriert werden (WEINBERGER 2005). Durchführende Personen können soziale Fachkräfte, aber auch die Adoptiv- und Pflegeeltern selbst sein, die sich dafür fortbilden und schulen lassen sollten.

BEISPIEL Alexanders Pflegeeltern erklärten Alexander den Kreislauf, dass seine Mutter und sein Vater keine gute Schulbildung haben, weil sie nicht genug Unterstützung von ihrer Umwelt erhielten, als sie in Alexanders Alter waren. Er selbst habe die Chance, es anders zu machen. Und wenn seine Eltern heute nochmals entscheiden könnten, würden sie ihm sicherlich raten: Alexander, nutze deine Chance. Mach nicht dieselben Fehler wie wir! Mach deine Schule fertig!

Die Pflegeeltern schrieben in sein »Lebensbuch«, dass kein Kind deckungsgleich ist mit Vater oder Mutter und aus eigener Kraft viel aus seinem Leben machen kann. Hier Auszüge aus Jahresbriefen für Alexander:

»Lieber Alexander,

das ist bestimmt nicht einfach, in einer Pflegefamilie zu sein, in der drei ältere Kinder leben, die alle tüchtig in der Schule sind. Und du bist der Einzige in unserer Familie, der eine Mama und einen Papa erwischt hat, die nicht jeden Tag für ihr Kind da sein können.

Als du klein warst, hattest du es bei deiner Mama nicht immer so leicht. Sie hat dir zwar alles gegeben, was sie konnte, aber trotzdem war das nicht genug für dich. So konntest du zum Beispiel nicht lernen, dass man fragen muss, wenn man etwas haben will, weil deine Mama ja manchmal gar nicht da war und du dir dringend etwas zu essen nehmen musstest.

Nun musst du mit viel Energie neu lernen, dass du nicht an die Sachen anderer drangehst oder etwas wegnimmst, ohne zu fragen. Du hast schon große Fortschritte gemacht und wir sind sehr stolz auf dich!

Selbst wenn wir im Alltag manchmal ungeduldig werden, dann denke daran: Wir achten dich mit deinen kleinen Schwächen und wir sehen, was du schon alles dazugelernt hast! Wir freuen uns mit dir.« ■

Seine ältere Pflegeschwester schrieb für Alexander auf:

BEISPIEL »Zuerst dachte ich manchmal, dass das ganz schön nervig ist mit einem kleinen Kerl, der ewig was anstellt. Inzwischen sehe ich das ganz anders: Seit du bei uns bist, ist immer was los! Du hältst uns alle auf Trab. Du bist ein echter Gewinn für unsere Familie. Langweilig ist es bei uns wirklich nicht!« ■

Über seinen Vater schrieb ihm seine leibliche Mutter Luise ins Lebensbuch:

BEISPIEL »Es tut mir leid, wenn ich manchmal schlecht über deinen Vater geredet habe. Es liegt überhaupt nicht an dir, wenn dein Papa sich nicht meldet, sondern daran, dass dein Papa so viele Probleme mit sich selbst hat. Dein Vater hat übrigens auch viele liebenswerte Seiten. Ich hatte ihn einmal sehr lieb. Bestimmt würdest du gern wissen, was du von ihm geerbt haben könntest: dass du so musikalisch bist. Dein Papa spielt Gitarre und singt ganz toll dazu. Und du hast von ihm, dass du so gut reden kannst! Da war er auch prima drin. Und dein Nicht-still-sitzen-Können: So war dein Papa auch!« ■

Meine vier Elternschaften

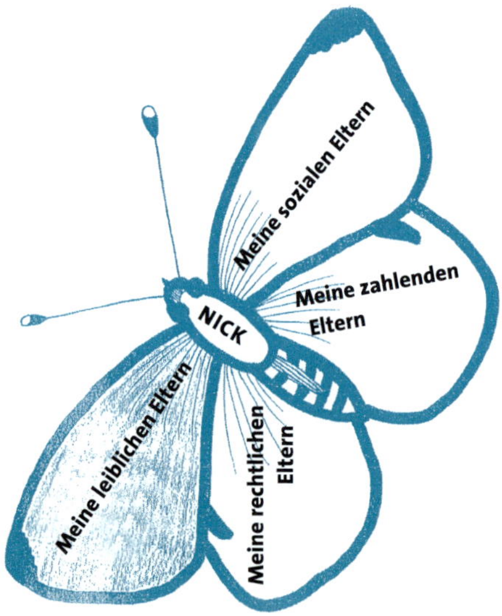

Diese Zeichnung der vier Aufgabenbereiche der Elternschaft stammt von Renate Schreier, die sie für ihren Pflegesohn Nick angefertigt hat (RYAN/WALKER 2007, S. 85).

»Lebensbuch« ▸ Ein Lebensbuch ist ein Aktenordner, in dem die Geschichte des Kindes, seine Fähigkeiten, seine Ressourcen dokumentiert werden, Erinnerungen gesammelt werden usw. (siehe auch LATTSCHAR/WIEMANN 2011). ◂

Biografiearbeit hat folgende Wirkungen:

- Stabilisierung: positive und glückliche Erfahrungen in den Vordergrund rücken und damit den Selbstwert stärken.
- Sich selbst besser kennenlernen: Gefühle, Vorlieben, Grenzen, Eigenschaften, Fähigkeiten.
- Klarheit gewinnen: Wer sind meine leiblichen Eltern, meine Geschwister usw.? Wo leben sie, was habe ich von ihnen mit ins Leben bekommen?
- Vergangenheit verstehen: Warum wurde ich von meiner Familie getrennt?
- Sicherheit gewinnen: Welche Rolle und welche Position habe ich in meiner annehmenden Familie?
- Mehr Selbstvertrauen: mutiger in die Zukunft schauen.

Biografiearbeit sollte niedrig »dosiert« begonnen werden. Sie hat die Persönlichkeit des Kindes oder Jugendlichen, das Heute, die Zukunft und das Vergangene zum Inhalt. Sie hilft, bestimmte Geschehnisse des eigenen Lebens besser zu verstehen und anzunehmen. Biografiearbeit hat auch zum Ziel, das Leben bewusster wahrzunehmen und Lebensfreude und die Lebenszufriedenheit zu vermehren.

> *»Seltsam genug, dass Kinder zu ihren leiblichen Eltern oder Elternteilen zu Besuch gehen – gehen müssen. Da sind also Eltern, die gar nicht Eltern sind in dem Sinn, wie wir es gewöhnlich verstehen. Und da sind Pflegeeltern, die auch nicht Eltern im üblichen Sinne sind. Und dazwischen das Kind?«* ***(Zatti 1999, S. 3)***

Das Thema »Umgang mit den leiblichen Eltern« ist eines der spannendsten, umstrittensten und aufregendsten im Pflegekinder- und Adoptionsbereich. So manche Pflegefamilie gäbe etwas darum, die Kontakte zur Herkunftsfamilie würden ganz ausgesetzt. Andere sind unglücklich, wenn sich die leiblichen Eltern des Kindes zurückziehen. Und einige Adoptiveltern gehen freiwillig (gesetzlich gelten sie als die einzigen Eltern) das Abenteuer der offenen Adoption ein: Sie gestalten Kontakte zu den leiblichen Müttern (manchmal auch Vätern) und erhoffen sich davon, dass ihr Kind durch die Verbindung zu seiner leiblichen Mutter (zum leiblichen Vater) auch mit sich selbst besser verbunden sein kann.

Der Umgang zwischen Eltern und Kind ist nicht nur ein Recht und eine Pflicht der Eltern, sondern auch ein elementares Recht der Kinder, und zwar nicht nur für von einem Elternteil getrennt lebende Kinder, sondern auch für Pflegekinder und Kinder in Heimen. Dies ist nicht allein in Deutschland so geregelt, sondern auch in internationalen Übereinkommen wie der UN-Kinderrechtskonvention. Der Gesetzgeber geht zu Recht davon aus, dass es für die gesunde Entwicklung der Kinder von großer Wichtigkeit ist, auch beim Getrenntleben von ihren Eltern mit diesen in Verbindung zu bleiben.

Keinerlei Besuchsrechte hingegen haben leibliche Eltern und Kinder, die durch Adoption voneinander getrennt wurden. Das gesetzliche Eltern-Kind-Verhältnis ist erloschen und alle Rechte und Pflichten sind auf die Adoptiveltern übergegangen. Hier geht der Gesetzgeber davon aus, dass die Adoptiveltern die einzigen Eltern des Kindes sind, im Widerspruch zur psychischen und biologischen Realität. Im Falle einer Trennung von den Adoptiveltern hat das Kind entsprechend ein Umgangsrecht mit seinen Adoptiveltern.

Im Trennungs- und Scheidungsbereich gibt es einen breiten Konsens in der Fachwelt und der Öffentlichkeit, dass das Verschwinden oder Ausgrenzen eines Elternteils einen »Riss« im Kind verursacht. Auch Kindern in Heimen wird die Berechtigung, mit ihren Eltern durch Kontakte verbunden zu bleiben, nicht abgesprochen. Im Pflegekinderbereich ist dies längst nicht selbstverständlich. Pflegekindern fehlt ein gesellschaftlich anerkanntes Rollenvorbild dafür, zwei Familien zu haben. Hier wird um die Bedeutung der Kontakte immer noch gestritten und gerungen. Beim Kind, das nicht mehr mit beiden Eltern zusammenlebt und dazu in einer anderen Familie zu Hause ist, ist nicht so klar erkennbar, wozu denn die Kontakte zu seinen Eltern dienen. Manchmal sind die Bindungen und Beziehungen lange unterbrochen, in einigen Extremfällen verstoßen Kontakte sogar gegen das seelische Wohl des Kindes.

Kontakte im Pflegekinderbereich können einen sehr unterschiedlichen Sinn und Zweck haben. Und damit es Pflegekindern mit ihren Kontakten zu den Herkunftseltern gut geht, sollten viele Bedingungen in diesem komplizierten Gefüge erfüllt sein. Wir benötigen also eine sehr differenzierte Herangehensweise an die Gestaltung von Kontakten von Pflegekindern zu ihrer Herkunftsfamilie.

Kontakte dienen – auch bei Dauerpflege – dazu, die Herkunftsfamilie des Kindes, so gut wie möglich, in sein Leben einzubeziehen. Bei vorgesehener Rückführung dienen Kontakte dem Bewahren und der Förderung von Bindung.

Wenn das Kind schon eine Zeit mit seinen leiblichen Eltern zusammengelebt hat, so dienen die Kontakte dem Bewahren von Bindung, Beziehung und Vertrautheit.

- Durch Kontakte zu seinen Eltern fühlt sich das Kind von diesen nicht so radikal verlassen. Es erlebt Wertschätzung und Zuneigung, wenn sich seine Eltern weiter interessiert zeigen. Der Kummer, fortgegeben worden zu sein, wird gelindert. Das Kind erlebt: *Meine ersten Eltern haben mich nicht vergessen, sie haben mich lieb.*
- Kommen Eltern nur sehr selten zu Besuch, dann dienen die Kontakte in erster Linie der Orientierung. Das Kind kann für sich klären: Wie sehen meine Eltern aus? Was sind sie für Menschen? Was haben wir gemeinsam? Worin unterscheiden wir uns?
- Kontakte können auch bei der Bewältigung der Realität helfen. Wenn sie zur Klärung wichtiger Fragen genutzt werden, kann das Kind besser einordnen, weshalb es nicht bei den Eltern leben kann.

Bindungen zu neuen Menschen können besser aufgebaut werden, wenn die alten nicht komplett verschwinden. So dienen Kontakte dem Erhalt der Verbindung zu wichtigen Menschen früherer Lebensabschnitte und zugleich dem Aufbau neuer Bindungen. Deshalb sind auch Kontakte zu früheren Pflegeeltern, Bezugspersonen im Heim, Großeltern usw. wertvoll.

In vielen Jugendämtern wird bei der Hilfeplanung den leiblichen Eltern ein Besuchsrecht in vierwöchigem Abstand eingeräumt. Wird der Umgang vom Familiengericht festgelegt, gibt es oftmals noch engere Zeitabstände. Aber es reicht nicht aus, nur die Häufigkeit von Kontakten festzulegen. Ob Kinder die Kontakte gut »vertragen« oder sie als Belastung empfinden, hängt von vielen Feinabstimmungen ab. Damit die Kontakte von allen Beteiligten für das Kind seelisch nutzbringend gestaltet werden können, benötigen die Besuchseltern, Pflegeeltern und das Kind beratende Unterstützung und Klarheit über die Dynamik und die Prozesse, in denen sie sich befinden. Leider werden bei der Planung und Gestaltung von Kontakten mitunter Fehler gemacht.

Ein Kind darf während der Kontakte nicht in die belastende Situation zurückgebracht werden, wegen der es aus der Familie herausgenommen wurde. Gerade sehr junge Kinder zeigen manchmal Panikreaktionen. Hier sind oft ein anderer äußerer Rahmen und eine Besuchsbegleitung nötig, um das Kind keinen neuen Stresssituationen auszusetzen.

Häufigkeit, Dauer, Ort, Umgebung sollten dem Alter des Kindes, seinem Entwicklungsstand und der Bindungsqualität zu den jeweiligen Bezugspersonen entsprechen. Das bedeutet zum Beispiel, dass ein Säugling oder Kleinkind nur mit seiner Mutter oder seinem Vater allein gelassen werden kann, wenn es zu diesen genügend Vertrautheit besitzt und diese auf das Kind angemessen eingehen. Ansonsten sollten primäre Bindungspersonen (Pflegemutter, Pflegevater, ältere Geschwister) in der Nähe bleiben.

Beim Pflegekind ohne Rückkehroption kann es falsch sein, wenn Eltern für ihr Kind während des Kontakts in einer Pflegefamilie erzieherische Aufgaben übernehmen wollen oder wenn Pflegeeltern dies während des Besuchs erwarten. Bei geplanter Rückführung hingegen sollte viel Alltagsverantwortlichkeit in die Besuchszeit eingebaut werden. Manche Pflegeeltern verhalten sich während der Besuche nicht nach dieser Regel.

BEISPIEL Die Pflegemutter eines Babys in Dauerpflege versucht, die Verantwortung für das Kind während der einstündigen Besuchszeit alle vier Wochen auf die Mutter zu übertragen. Sie nimmt sich absichtlich zurück und tut so, als sei nicht sie zuständig für das Kind, sondern die Mutter. Sie wundert sich, dass das Kind nach dem Kontakt weinerlich und quengelig ist. ■

Ein anderes Beispiel:

BEISPIEL Der Pflegevater eines Kindes ohne Rückkehroption erwartet, dass sich die Mutter in den zwei Stunden des Kontakts wie eine »gute Mutter« verhält, und ist enttäuscht, dass diese eher wie ein zweites Kind mit ihrem Kind spielt und ihm keine Grenzen setzt. ■

Oder:

BEISPIEL Eine Pflegemutter gibt ständig Impulse für die Mutter und das Kind, sie will, dass beide »etwas Richtiges« zusammen machen. Doch die Mutter würde lieber mit der Pflegemutter zusammensitzen und Kaffee trinken und das Kind würde gern ein bisschen draußen spielen. ■

Pflegeeltern sollten beispielsweise der Mutter zugestehen, dass sie sich in den zwei Stunden Besuchszeit nicht wie eine Jeden-Tag-Mutter verhalten kann. Sie hat vielleicht verlernt, wie das geht, oder sie konnte es nie. Deshalb ist das Kind ja bei den Pflegeeltern. Dauerpflegeeltern sollten sich auch in Gegenwart der leiblichen Eltern so wie immer zum Kind verhalten, ihre Verantwortung nicht abgeben und ihre erziehende Rolle ausüben. Gerade Kleinkinder sind hier hochempfindlich und fühlen sich von ihren Bindungspersonen sonst im Stich gelassen.

Die Pflegeeltern eines Dauerpflegekindes sind Gastgeber für die besuchenden Eltern und bleiben selbstverständlich soziale Mutter und Vater des Kindes. Gleichzeitig sollten sie den leiblichen Eltern Raum geben, um Verbindung zum Kind aufnehmen zu können und je nach Alter des Kindes etwa im Kinderzimmer ohne Beisein der Pflegeeltern zu spielen.

TIPP Pflegeeltern können etwas beitragen, um die Kontaktaufnahme zwischen älterem Kind und Mutter zu begünstigen. Sie können anregen: »Magst du deiner Mutter das schöne Bild zeigen, das du gestern gemalt hast?« Oder: »Willst du draußen deiner Mutter vorführen, wie gut du Inliner fahren kannst?«

Gewissheit für das Kind über Sinn und Ziel der Kontakte

Jedes Kind benötigt eine ihm gemäße Definition, das heißt eine Information, wozu die Kontakte mit seinen Herkunftseltern dienen (siehe Kapitel 2).

Bei Pflegekindern ohne Rückkehroption und bei Kindern, die nie mit ihren Eltern gelebt haben, etwa auch bei der offenen Adoption, dienen die Kontakte der gegenseitigen Orientierung, wer die oder der andere ist, wie es ihr oder ihm geht. Je nach der Anzahl der miteinander gelebten Jahre oder der Dichte der Kontakte kann es zwischen leiblichen Eltern und Kind eine enge Vertrautheit und Verbundenheit geben oder aber die leiblichen Eltern sind nur ein Gast im Alltagsleben des Kindes. Dies kann für das Kind auch in Worte gefasst werden:

Beispiel einer Besuchsdefinition für ein Kind, das viele Jahre mit seiner Mutter gelebt hat:

BEISPIEL »Du hast mit deiner Mama zusammengelebt, bis du sechs Jahre alt warst. Das ist ganz lang für ein Kinderleben. Deshalb liebst du deine Mama und du bist glücklich, wenn sie dich besucht. Vielleicht bist du an diesem Tag auch traurig, weil es wehtut, von ihr getrennt zu wohnen. Die Besuche deiner Mama sind dazu da, dass du die Zeit mit ihr genießen kannst und dass du vertraut mit ihr sein kannst. Du kannst dich überzeugen, wie es deiner Mama geht. Und sie kann schauen, was es bei dir Neues gibt. Danach geht jeder von euch wieder in sein Alltagsleben zurück. Du lebst bei uns und deine Mama wohnt mit ihrem neuen Mann. Und ihr denkt jeden Tag aneinander und habt euch lieb, obwohl ihr nicht mehr zusammenwohnt.« ■

Besuchsdefinition für ein Kind, das seit seiner Säuglingszeit in der Pflegefamilie lebt und monatliche Kontakte zu seinem Vater hat:

BEISPIEL »Morgen kommt dein Papa wieder zu Besuch und ihr verbringt einen Nachmittag miteinander. Du wohnst ja schon bei uns, seit du ein Baby warst. Der Tag mit deinem Papa ist ein besonderer Tag, ein Freudentag und ein Ausnahmetag. Dein Papa war nie ein Jeden-Tag-Papa und ihr habt nie zusammengewohnt. Trotzdem kennst du ihn sehr genau und hast ihn lieb, weil er dein Papa ist. Die Besuche sind dazu da, dass du merkst, wie er so ist und wie es ihm geht, und er kann schauen, wie du wächst und dich veränderst. In den paar Stunden eures Zusammenseins muss dein Papa dich nicht erziehen. Ihr könnt die Zeit miteinander genießen, euch aneinander freuen und es euch gutgehen lassen. Danach kommst du wieder in dein Jeden-Tag-Leben zurück. Das ist für dich eine Umstellung, aber du kriegst das ganz gut hin!« ■

Der Besuchstag – Freude und Kummer für das Kind

Der Besuchstag ist für die meisten Kinder zwar ein Tag der Freude, die Eltern wiederzusehen, kann aber auch ein Tag der Trauer sein. Die Ausnahmesituation wird wieder bewusst, nicht bei den eigenen Eltern leben zu können. Und schließlich folgt dem Wiedersehen jedes Mal eine Verabschiedung. Das alles ist psychisch anstrengend.

Am Besuchstag vergleichen manche Kinder ihre Mama mit der Pflegemama, den Papa mit dem Pflegepapa. Sie stellen fest, dass ihre Eltern Schwächen und Grenzen haben. Sie nicht nur enttäuscht, sondern es erwacht auch manchmal der Identitätskonflikt (siehe Kapitel 4): *Wenn meine Eltern nicht okay sind, dann bin ich vielleicht auch nicht okay. Habe ich dann eine Chance, mein Leben einmal besser zu bewältigen als meine Eltern?*

Aufgewühltsein des Kindes achten

Es gehört zum Auftrag von Pflegeeltern, den Kindern behilflich dabei zu sein, ihre komplizierte Lebenssituation bestmöglich zu tragen. Die Kinder benötigen von ihren Pflegeeltern Verständnis dafür, dass der Besuchstag nicht reibungslos vom Kind absolviert wird. Wenn Pflegeeltern den Kindern zusichern, dass es in Ordnung ist, wenn sie vor und nach dem Kontakt zu den Eltern aufgewühlt sind, dann hilft dies dem Kind.

Pflegeeltern können zum Beispiel erklären: »Wenn ich als Kind bei Pflegeeltern gelebt und meine Eltern wiedergesehen hätte, dann hätte das in mir viele Gefühle ausgelöst. Dann wäre ich vielleicht an diesem Tag ganz besonders überdreht und wild gewesen und ich hätte nicht mal ruhig einschlafen können.«

Wenn Pflegeeltern merken, dass ihr Pflegekind von seinen Eltern enttäuscht ist, benötigt das Kind Hilfe bei den Trauerprozessen. Wichtig ist, dass die Pflegeeltern nicht gleichzeitig auch enttäuscht sind. Hilfreicher ist, wenn sie dem Kind ein Modell sind, das die Eltern aus einem anderen Blickwinkel sieht: »Wenn deine Mama meine Mama wäre, dann wäre ich vielleicht auch enttäuscht. Ich glaube, dass deine Mama sich nicht so wie eine Mama verhalten kann, das liegt daran, dass sie als Kind nicht genug bekommen hat, was sie gebraucht hätte. Und deshalb musstest du ja auch von ihr fort. Ich kann verstehen, warum deine Mama so ist. Aber ich verstehe auch deine Enttäuschung.«

Herkunftsfamilie und Pflegefamilie in Balance: Entlastung für die Kinder

Es ist für viele Herkunftseltern kompliziert, sich im Dreieck Herkunftsfamilie – Kind – Pflegefamilie angemessen zu verhalten. Manche Eltern können sich nicht damit abfinden, dass ihr Kind auf Dauer in einer Pflegefamilie lebt (siehe Kapitel 2).

Aber auch die Pflegeeltern tolerieren und respektieren nicht immer die Bindung und die Beziehung zwischen dem Kind und seinen leiblichen Eltern. Manche Kinder haben schon viele Jahre mit ihren Eltern gelebt. Dies anzuerkennen, fällt Pflegeeltern häufig schwer, ist aber unumgehbar.

Manche Dauerpflegeeltern fühlen sich als die »faktischen Eltern«, werden jedoch von den Herkunftseltern nicht als diese anerkannt. Sie sehnen sich nach Wertschätzung durch die leiblichen Eltern. Wenn die leiblichen Eltern sie attackieren, dann sind diese Pflegeeltern hilflos, verzweifelt oder aufgeregt. Solche Differenzen führen beim Kind zu großer innerer Spannung. Das Kind fühlt sich schnell verantwortlich und schuldig für die Konflikte und Unzufriedenheit der Erwachsenen.

TIPP **Die Ablehnung der leiblichen Eltern richtet sich nicht persönlich gegen die Pflegeeltern, sondern gegen ihre Rolle und ihr Privileg, dass sie mit dem Kind leben dürfen. Sätze wie »An Ihrer Stelle würde mir das auch so gehen« oder »Ich kann nachvollziehen, dass Sie wütend auf uns sind, schließlich hätten Sie Ihren Sohn/Ihre Tochter lieber bei sich« können die Situation entspannen. Es entlastet und entbindet die Kinder, wenn die Pflegeeltern den leiblichen Eltern nicht die Macht geben, sich von ihnen entwerten zu lassen.**

Kontakte: Stress für die Pflegeeltern?

Einige Pflegeeltern können sich nicht vorstellen, dass es für die Kinder wohltuend ist, mit der Herkunftsfamilie zusammenzutreffen. Sie erdulden die Kontakte mit innerer Gegenwehr. Doch ob die Pflegeeltern die Kontakte zu den Herkunftseltern von innen heraus befürworten oder ob sie sie nur ertragen, ist mitentscheidend, ob das Kind die Kontakte »verträgt«. Die

Gefühle der Pflegeeltern kommen nämlich beim Kind ungefiltert an, selbst wenn diese glauben, dass sie sie gut verbergen. Kinder erspüren sogar Gefühle, von denen die Erwachsenen selbst noch nichts »merken«!

BEISPIEL Die inzwischen sieben Monate alte Lea wurde gleich nach ihrer Geburt »in Obhut genommen« und kam zu Pflegeeltern. Die Eltern kämpften bei Gericht um die Rückführung ihrer Tochter.

Lea entwickelte sich zu einem zufriedenen, freundlichen Baby. Einmal im Monat wurde den Eltern im Amt ein einstündiger Kontakt gewährt. Die Pflegemutter erlebte, dass Lea immer schon in der Nacht vor diesem Kontakt viele Stunden schrie. Und auch beim Kontakt reagierte sie verzweifelt. Dabei hatte sie nie mit den Eltern zusammengelebt. Die Eltern verhielten sich dem Baby gegenüber auch nicht aufdringlich. Was spielte sich in Lea ab? Ging von den Eltern ein Anspruch, eine Stimmung aus, die Lea belastete? Möglich. Wahrscheinlicher ist: Lea spürte vermutlich die Spannungen und Ängste ihrer Pflegemutter. Diese hatte Schuldgefühle gegenüber der jungen Mutter, aber auch Angst, sie könnte Lea an die junge Mutter doch noch verlieren, da die endgültige gerichtliche Entscheidung noch ausstand. ■

Nicht einverstandene Herkunftseltern respektieren

Wenn Eltern ihrem Kind nicht »erlauben« können, in der Pflegefamilie zu leben, so kann die Situation für das Kind nur erträglich werden, wenn die Pflegeeltern lernen, den Eltern diese Einstellung nicht zu verübeln. Eigentlich dürfte der Pflegekinderdienst ein Kind von nicht einverstandenen Herkunftseltern nur in eine Pflegefamilie vermitteln, die sich den damit verbundenen

Konflikten gewachsen sieht. Eine solche Entwicklung lässt sich allerdings nicht immer vorhersehen.

BEISPIEL Die Pflegemutter von Lea arbeitete an ihrer inneren Haltung. Sie begriff, dass Leas Eltern mit all ihrem Kummer und ihrer Wut ein Bestandteil von Leas Leben bleiben würden. Sie entschied sich für ein Leben mit Lea mitsamt den unglücklichen, nicht einverstandenen Eltern. Zugleich arbeitete sie daran, die Entscheidung des Gerichts mit mehr innerer Ruhe abzuwarten. Sie fand sich damit ab, dass ihr Glück eng verbunden war mit dem Risiko, Lea wieder zu verlieren. Auch in späteren Jahren würden die Eltern möglicherweise wieder für Lea vor Gericht ziehen.

Die Pflegemutter konnte beim nächsten Treffen ruhiger auf die Eltern zugehen. Sie sagte zu der jungen Mutter: »Ich verstehe, wie bitter es sein muss, ohne Lea zu leben. Sie bleiben immer Leas Mutter und Leas Vater. Und ich bin Leas Pflegemutter.« Diesmal weinte Lea vor, während und nach dem Kontakt im Amt nicht. ■

Ich kenne Pflegeeltern, die akzeptieren, dass die leiblichen Eltern die Pflegeeltern zu Gegnern erklären. Es ist viel Weisheit und innerer Abstand notwendig, um diese Haltung einzunehmen. Und die Liebe des Kindes zu seinen Pflegeeltern wird stärker, wenn es fühlt, dass diese auch widerspenstigen leiblichen Eltern einen Platz im Leben einrichten und sich von ihnen nicht aus dem Konzept bringen lassen.

Auch die Fachkräfte können den Kindern helfen, indem sie dem Kind zum Beispiel eine »Gebrauchsanleitung« für den Umgang mit den Eltern geben. Das kann so klingen:

BEISPIEL »Kaum eine Mama hält das gut aus, dass ihre Kinder nicht bei ihr sind. Aber die Mama kann das nicht allein bestimmen. Sie hat bei uns im Amt unterschrieben, dass ihr in der Pflegefamilie bleiben dürft. Denn sie hätte gar nicht die Kraft, den ganzen Tag mit euch Kindern zu leben und das Richtige zu tun. Im Grunde weiß sie das ganz genau. Aber dann will sie es wieder nicht wahrhaben. So ist eure Mama nun mal. Ihr müsst kein schlechtes Gewissen haben. Wenn sie wieder zu Hause ist, kriegt sie das wieder gut hin, ohne euch zu sein und euch zugleich lieb zu behalten. In jedem Fall gehört ihr jetzt zu eurer Pflegefamilie und das soll auch so bleiben.« ■

Akzeptanz der Kontakte durch die Pflegeeltern: Hilfe für das Kind

Viele Pflegeeltern sind in ihrem Innersten überzeugt, dass es ihren Pflegekindern nur dann gutgeht, wenn die Ursprungsfamilie ihre Bedeutung und Wichtigkeit behalten darf, und sie leiden darunter, wenn Eltern sich zurückziehen. Sie investieren von sich aus dem Kind zuliebe Kraft in die Zusammenarbeit. »Sie bleiben ein Teil vom Leben des Kindes. Sie gehören dazu«, sagen diese Pflegeeltern über die Herkunftseltern. Sie können sich in das angenommene Kind hineinversetzen und wollen ihm seine Eltern nicht fortnehmen. Sie sind fähig, das Kind gemäß seiner Geschichte und seinen Bindungen mit den Eltern zu teilen. Gleichwohl fühlen sie sich in ihrer sozialen Elternrolle sicher.

Es gibt Lebensläufe, die Mütter und Väter behindern, für ihre Kinder verantwortlich zu handeln. Deshalb sind die Kinder in einer Pflegefamilie. Ich kenne viele Pflegeeltern, die die Eltern der ihnen anvertrauten Kinder dennoch achten (siehe Kapitel 5). Achtung bedeutet nicht, etwas gutzuheißen. Achtung kann auch bedeuten, Zusammenhänge zu verstehen und zu betrauern.

Es kommt vor, dass Kinder zu ihren Pflegeeltern sagen: »Ich will meine Mama nicht mehr wiedersehen.« Oder: »Ich will nicht zu meinem Papa zu Besuch gehen.« Einige Bezugspersonen schließen daraus: »Unser Pflegekind hat kein Interesse mehr an seinen Eltern.« Doch dies stimmt so nicht oder muss zumindest nicht zwangläufig so sein. Das Kind gibt vielleicht vor, das Interesse an seinen Eltern sei erloschen. Doch hinter solch einer Aussage stecken viele Gefühlsturbulenzen.

Vielleicht befindet sich das Kind im Loyalitätskonflikt und möchte seine Pflegeeltern zufriedenstellen. Manche Kinder haben auch Angst, dass der Schmerz, von den Eltern getrennt zu leben, wieder übermächtig wird, und sie wollen sich davor schützen.

Andere Kinder verübeln ihren Eltern unbewusst oder offen, dass sie von ihnen fortgegeben oder fortgenommen wurden. Sie möchten die Eltern »bestrafen«. Vielleicht haben die Eltern Besuche ausfallen lassen und das Kind hat vergeblich gewartet, fühlte sich ausgeliefert. Nun möchte es selbst Ohnmacht umwandeln in Macht und Kontrolle. Wenn sich die leiblichen Eltern dann zurückziehen, kann es durchaus sein, dass sich das Kind erneut von ihnen verlassen fühlt.

Wenn Kinder älter werden, gibt es Ablösungs- und Befreiungswünsche oder Rebellion gegen die leiblichen Eltern, manchmal vermischt mit Rachebedürfnissen.

All diese Beweggründe sind sehr ernst zu nehmen. Und sie bedeuten gerade nicht, dass das Kind kein Interesse an seinen Eltern hat, sondern dass es sich in vielfältigen inneren Auseinandersetzungen mit seinen Eltern befindet.

Wichtig ist, dem Kind nicht die alleinige Entscheidungsbefugnis zu überlassen. Erst Jugendliche sollten mit ihren Müttern oder Vätern aushandeln, ob und wann sie diese treffen wollen oder nicht. Trägt ein jüngeres Kind zu viel Verantwortung, so kann es davon erdrückt werden. Manchmal ist es eine Hilfe, wenn die Pflegeeltern den Besuch der leiblichen Mutter oder des leiblichen Vaters nicht einzig und allein als einen Besuch für das Kind definieren, sondern als einen Besuch bei der gesamten Pflegefamilie.

Wann sollten Kontakte ausgesetzt werden?

Eine Kontaktsperre ist im Interesse des Kindes, wenn das Kind von seinem Elternteil sexuell oder seelisch-körperlich misshandelt wurde (siehe Kapitel 7). Gerade bei sehr jungen Kindern können Kontakte zu einer Person, bei der sich das Kind in Lebensgefahr gefühlt hat, zu Retraumatisierungen führen. Von einer »Retraumatisierung« sprechen wir dann, wenn die neuronalen Verschaltungen, in denen die furchtbaren Erfahrungen gespeichert sind, aktuell neu stimuliert werden. Dies geschieht vor allem, wenn das Kind wieder mit dem Täter oder der Täterin konfrontiert wird, die es einst in eine lebensbedrohliche, überwältigende Situation gebracht haben.

Hier sollten die Familiengerichte sehr sorgsam prüfen, ob das Besuchsrecht der Eltern oder ob nicht besser der Anspruch des Kindes auf Schutz und Unversehrtheit im Mittelpunkt gerichtlicher Entscheidungen steht. Es darf auch nicht entscheidend sein, ob die Eltern strafrechtlich verurteilt wurden oder ob es sich »nur« um einen schwerwiegenden Verdacht handelt. Das Kind muss auch schon beim Verdacht auf traumatische

Erlebnisse vor einer möglichen Retraumatisierung geschützt werden.

Retraumatisierungen machen sich durch Panikattacken, Zittern, anhaltendes Schreien, Erstarren, Dissoziation, nächtliches Aufschreien usw. insbesondere nach dem Umgang bemerkbar. Aber auch bestimmte andere äußere Reize wie Geräusche oder Gerüche können ein Trigger (Auslöser) sein und manchmal überraschend eine zurückliegende schreckliche Lebenssituation neu aktivieren und die entsprechenden Panikreaktionen auslösen. »Wenn das Kind an das Trauma erinnert wird und unter einer Psychotrauma-Folgestörung leidet, ›verwechselt‹ der ›psychische Apparat‹ mit seinen Wahrnehmungsorganen (Auge, Ohr, Nase usw.) quasi automatisch die Gegenwart mit der Vergangenheit. Das Gehirn gaukelt dem Bewusstsein vor, das Kind würde hier und jetzt wieder bedroht.« (Krüger 2007, S. 23)

Haben Kinder mit ehemals misshandelnden Elternteilen Umgang, so besteht neben der Gefahr der Retraumatisierung die Gefahr von Verwirrung, weil die einst lebensbedrohliche Situation und die nun verharmlosende Situation beim Kontakt für das Kind eigentlich nicht miteinander vereinbar sind. Das Kind beschließt im Zweifel jedoch, lieber den Signalen der Erwachsenen zu glauben, statt sich auf seine eigenen Gefühle zu verlassen. Dies kann langfristig zu Wahrnehmungsstörungen führen, aber auch zu Verunsicherung und zu Angstzuständen. Ein Kontakt darf nicht dazu dienen, das Schreckliche, das passiert ist, gegenüber Kindern zu verharmlosen oder gar zu leugnen.

Häufig werden in solchen Fällen vom Gericht begleitete Kontakte angeordnet. Zwar ist das Kind dann während des Kontakts keinen neuen Übergriffen ausgesetzt, es ändert sich aber nichts an der Gefahr der Retraumatisierung und an dem Erlebnis der Diskrepanz: dass einst gefährliche Personen nun dem Kind gegenüber so wirken, als ob das Gefährliche nie passiert wäre. Eine solche Situation sollte dem Kind nicht zugemutet werden. Deshalb will ich den folgenden Vorschlag nur als Notprogramm für die Fachkräfte verstanden wissen, wenn ein Gericht trotz früherer Misshandlungen begleitete Kontakte angeordnet hat:

Die begleitende Fachperson kann hier sehr viel für das Kind tun, indem sie das Thema »auf den Tisch« legt: »Deine Mama hat dir, als du mit ihr gewohnt hast, sehr wehgetan, und du hattest oft riesige Angst, was als nächstes Schlimmes passiert. Wenn sie heute zu Besuch kommt, dann verhält sie sich so lieb zu dir, als ob das alles nicht passiert wäre. Aber wir wissen, dass es passiert ist und dass deine Erinnerung und deine Gefühle richtig sind. Und ich bin als Besuchsbegleitung dabei, damit du heute vor der Mama keine Angst haben musst.«

Eigentlich müssten sich Richterinnen und Richter in den Fragen von Traumatisierung und Retraumatisierung gründlich fortbilden lassen, um in ihren Entscheidungen den Kindern gerecht zu werden. Der Kontakt sollte aufgeschoben werden, bis das Kind die Kraft hat, die Fragen mit seinen Eltern zu klären. Ein Kontakt mit einem Elternteil, der seinem Kind einst schweren Schaden zugefügt hat, ist nur im Ausnahmefall und unter strengen Auflagen zumutbar. Maßstab muss sein, ob das Kind seelischen Nutzen daraus ziehen kann. Dies ist nur möglich, wenn das Folgende gilt:

- Das Kind muss so alt sein, dass es die Zusammenhänge verstehen kann.
- Die Eltern müssen die Verantwortung für das Geschehene übernehmen und dazu bereit sein, das Schreckliche, das passiert ist, dem Kind gegenüber einzugestehen; damit verbunden sollten sie einräumen, dass sie das Schreckliche nie mehr ungeschehen machen können.
- Der Kontakt darf nicht dazu dienen, das Kind um »Vergebung« zu bitten. Das Kind kann die Eltern nicht entlasten.
- Ein solcher Kontakt dient einzig und allein dazu, dass das Kind erlebt, dass seine Eltern bereuen und zu ihren Taten stehen und dass sie als Folge auch mit dem neuen Zuhause des Kindes einverstanden sind.

TIPP Um sicherzustellen, dass Eltern diese Kriterien erfüllen, benötigen sie vor der ersten Zusammenführung mit dem Kind fachkundige Vorbereitung und Beratung. Auch sollte eine Fachkraft diesen Kontakt begleiten. Sie kann sich einschalten, wenn sich Eltern in Gegenwart des Kindes nicht an die zuvor vereinbarten Regeln halten. Wenn ein Elternteil etwa will, dass das Kind ihm die schlimmen Taten verzeiht, so kann die Fachkraft die Partei des Kindes ergreifen: »Ihr Kind kann und soll Ihnen Ihre Schuldgefühle nicht abnehmen. Der heutige Kontakt dient dazu, dass das Kind erlebt, dass Sie zu Ihren damaligen Fehlern stehen. Und er dient dazu, dass Ihre Tochter/Ihr Sohn sich orientieren kann, wer Sie sind und wie Sie sind und Sie können schauen, was aus Ihrer Tochter/Ihrem Sohn geworden ist.«

Wenn ein Kind nach einem Kontakt beunruhigt oder aufgewühlt ist, dann bedeutet dies nicht automatisch, dass ihm Retraumatisierungen widerfahren sind. Es gibt viele andere Gründe, nach Kontakten »durcheinander« zu sein, wie ich oben schon ausgeführt habe.

Hin und wieder wird der Begriff »Retraumatisierung« benutzt, um Eltern ganz auszugrenzen und Kontakte zu unterbinden. Es darf nicht vergessen werden: Viele leibliche Mütter oder Väter ersuchen *freiwillig* um »Hilfe zur Erziehung«, da sie selbst bemerken, dass sie an den Rand ihrer Kräfte gekommen sind oder ihrem Kind durch eigene Probleme nicht mehr gerecht werden können. Längst nicht alle Eltern, die sich von ihren Kindern trennen mussten, haben ihre Kinder misshandelt! Die Folgen der frühen Stresserfahrungen werden durch das Aussetzen von Kontakten beim Kind nicht behoben! Hierzu bedarf es vielfältiger anderer Hilfen und Stabilisierungen (siehe Kapitel 7 und 8).

Um dem Kind zu helfen und die Quelle für seine Not bei Besuchskontakten herauszufinden, muss gewissenhaft geprüft werden, wo im Gefüge zwischen Herkunftsfamilie und Pflegefamilie etwas nicht stimmt und was das Kind belastet. Je nach Alter und den mit den Eltern gelebten Jahren kann es für das Kind von Nachteil sein, wenn Kontakte voreilig unterbunden werden. Manchmal wird die Unruhe nur von außen nach innen verlagert und der Konflikt ist durch das Aussetzen der Kontakte für das Kind nicht gelöst.

Auch kann das Kind beim Ausschluss von Kontakten besonders dramatische Identitätskonflikte entwickeln: *Wenn meine*

Eltern solche Monster sind, dass ich sie nicht sehen darf, werde ich dann auch ein Monster? Wenn nach sorgfältiger Abwägung Kontakte im Interesse des Kindes ausgesetzt werden, so benötigt das Kind intensive Hilfe, einerseits durch professionelle Traumatherapie, andererseits durch Biografiearbeit. Das Kind braucht Unterstützung dabei, über die Begrenztheit und die Taten der Eltern zu trauern und zu verstehen, dass es dennoch auch positive Kräfte von diesen Eltern mit in sein Leben bekommen hat (siehe Kapitel 5).

Kontakte bei offener Adoption

Unter einer »offenen« Adoption verstehen wir Adoptionsverhältnisse, in denen die annehmenden Eltern die Herkunftsmütter (sehr viel seltener Herkunftsväter) kennen und das Kind zu seiner leiblichen Mutter (seinem Vater) gelegentliche Kontakte pflegt. Inzwischen haben wir langjährige Erfahrungen mit der offenen Adoption. Unter einer »halboffenen« Adoption verstehen wir jene Adoptiv- und Herkunftseltern, die einander – meist zu Beginn des Adoptionsverhältnisses – kennengelernt haben, ohne gegenseitig ihre Namen zu wissen. Oftmals vereinbaren die Beteiligten, sich in größeren Abständen über das Jugendamt zu schreiben und Fotos auszutauschen.

Bei der offenen Adoption treffen Adoptiveltern die leiblichen Eltern zusammen mit dem Kind ein- bis zweimal im Jahr. Das Kind weiß von klein an, wie seine Mutter oder sein Vater aussieht. Gibt es Geschwister, so werden sie meist in die Kontakte mit einbezogen. Offene Adoptionen sind für die Beteiligten häufig eine Erleichterung: Das Kind muss sich nicht später mit der komplizierten Entscheidung befassen, ob, wann und wie es seine leiblichen Eltern suchen möchte. Und leibliche Eltern können die Entwicklung ihres Kindes miterleben. Adoptiveltern leben ohne die Angst vor der Macht der unbekannten leiblichen Eltern.

Offene Adoptionen können gut gelingen, wenn die Erwachsenen miteinander »im Reinen« sind und sich gegenseitig achten. Leibliche Eltern, die eine offene Adoption praktizieren, sollten für sich klarbekommen: Sie bleiben immer die leiblichen Eltern, aber sie haben die gesamte elterliche Verantwortung für ihr Kind auf eine andere Familie übertragen. An die Adoptiveltern ist das Kind von klein an gebunden, bei ihnen hat es seine Familie. Es können nur jene Herkunftseltern eine offene Adoption gut leben, die in sich eine sehr feste, klare Entscheidung getroffen haben und denen bewusst ist, dass die seelisch-soziale Adoptivelternschaft die gelebte Elternschaft ist.

Der Schmerz des Kindes, von seiner leiblichen Mutter weggegeben worden zu sein, wird nicht automatisch durch das Einander-Begegnen aufgehoben. Im Gegenteil: Er kann auch neu entfacht werden. Wenn die Kontakte nicht genutzt werden, um die entscheidenden (gestellten oder nicht gestellten) Fragen des Kindes zu klären (»Weshalb musste ich fort?«), dann können sie Spannung und Verwirrung hervorrufen. Die Kontakte zur Herkunftsfamilie – gerade im Rahmen der offenen Adoption – sollten also immer mit Inhalten gefüllt werden und gut vor- und nachbereitet werden.

Wozu die Kontakte dienen

Die wenigen Stunden zwei- oder dreimal im Jahr dienen nicht dazu, eine enge Beziehung zum Kind zu unterhalten oder eine »Bindung aufzubauen«. Die Kontakte sind Ausnahmezeiten.

Leibliche Eltern und Kind haben Interesse aneinander, genießen ihre Gemeinsamkeiten. Die Besuche dienen der gegenseitigen Information und Orientierung. Jeder hat einen anderen Lebensmittelpunkt und kehrt zu diesem zurück. Die Kontakte sind auch eine wichtige Möglichkeit, dass Adoptiveltern, Herkunftseltern und Kind sich innerlich mit den Gegebenheiten, so wie sie sind, abfinden lernen.

Manche Mütter und Väter in offenen Adoptionen können ihre Entscheidung nicht gut in Worte fassen, trauen sich nicht, mit ihrem Kind bei den seltenen Besuchen über zentrale Themen zu sprechen. Dann sollten die Adoptiveltern in Worte fassen, dass die Eltern des Kindes nicht gelernt haben, über wichtige Themen zu sprechen, und sie können vor und nach einem Kontakt mit dem Kind über das sprechen, was die Eltern zur Adoption veranlasste.

BEISPIEL Die leiblichen Eltern von Johannes (12 Jahre) kommen mit seinen leiblichen Geschwistern zweimal im Jahr angereist, um gemeinsam etwas zu unternehmen. Seine Adoptiveltern haben für ihn einen Lebensbrief verfasst:

»Lieber Johannes,

du weißt, dass deine Eltern schon früh, während du im Bauch deiner Mutter warst, gemerkt haben, dass sie nicht genug Kraft hatten für ihre drei Jungen. Sie hatten viel mit sich selbst zu tun und tranken oft Alkohol, sie hatten wenig Geld und dein Vater keine Arbeit. Deinen drei leiblichen Brüdern ging es nicht so gut und sie mussten sich untereinander helfen. Deine Eltern wollten so eine schwierige Familiensituation nicht noch einem weiteren Kind zumuten. So entschieden sie sich, dass wir deine Eltern werden. Zwei Jahre später wurde deine Mutter wieder schwanger. Und weil sie inzwischen gemerkt hatte, dass es ihr sehr wehgetan hat, dich herzugeben, hat sie das nächste Kind dann doch wieder behalten. So bist du der Einzige geblieben, der die Familie verlassen hat. Das ist bestimmt nicht einfach für dich.

Nun leben wir alle mit dieser Situation. Du hast dein Leben von deiner Mutter und deinem Vater. Und wir sind und bleiben deine glücklichen Eltern und du bist unser Sohn.

Wenn wir deine Eltern treffen, dann ist das auch für uns Erwachsene nicht immer einfach. Auf der einen Seite sind wir sehr dankbar, dass deine Eltern entschieden haben, dass du unser Kind bist. Dafür haben wir große Achtung vor ihnen. Und wir sehen ihre sympathischen Seiten und dass sie dir viele liebenswerte Eigenschaften vererbt haben.

Auf der anderen Seite merken wir auch, dass deine Eltern und wir sehr unterschiedlich groß geworden sind und in verschiedenen Welten leben. Uns geht es innerlich und materiell so viel besser. Wir haben eine bessere Schulbildung und einen schönen Beruf. Wir brauchen keinen Alkohol, um unser Leben erträglicher zu machen.

Deine Eltern können über all das nicht so gut sprechen. Und du spürst auch, dass es deiner Mutter innerlich wehtut, dass sie dich hergegeben hat. Trotzdem weiß sie: Ihre Entscheidung war die richtige.

Das Treffen mit deiner Familie ist kein Besuch wie sonst mit Freunden und Bekannten. Es ist ein freudiges Ereignis und zugleich ist es auch Stress für uns alle, vermutlich auch für deine Eltern und deine Brüder.

Die Besuche dienen dazu, dass du sehen kannst, wer deine leiblichen Eltern und deine Geschwister sind und wie sie sind. Und sie können sehen, wie du dich weiterentwickelt hast und wie es dir geht. Du erlebst auch, dass deine leiblichen Eltern und Geschwister dich nicht vergessen haben.

Und an diesem Tag merkst du, dass es Unterschiede gibt zwischen dir und deinen leiblichen Geschwistern, zwischen uns, deinen Adoptiveltern, und deinen leiblichen Eltern und auch Unterschiede in deinen Gefühlen zu der einen und zu der anderen Familie. Die Besuche sind schön und schmerzlich zugleich.

Wir bewundern dich, wie du mit alldem umgehst!

Wir sind stolz auf dich.

Für immer deine Mama und dein Papa.«

Offene Formen der Adoption gelingen dann, wenn sich beide Seiten über ihre Anteile an Verantwortung für das Kind im Klaren sind. Die Adoptiveltern tragen alle Verantwortung für das Kind und die leiblichen Eltern tragen keine mehr. Dies haben sie durch die Freigabe zur Adoption so entschieden.

Oftmals erhoffen sich Adoptiveltern von den Müttern (manchmal Vätern) doch die Übernahme von Teilverantwortungen, zum Beispiel dass sie verfügbar sind und dann zu einem Gespräch oder einem Kontakt bereit sind, wenn die annehmende Familie es gerade für notwendig und wichtig hält. Doch leibliche Mütter (Väter) können genau diese Zuverlässigkeit oft nicht garantieren. Deshalb haben sie sich ja von ihrem Kind getrennt. Es ist wichtig, dass annehmende Eltern folgende innere Haltung entwickeln: *Wir haben das Kind von euch entgegengenommen. Darüber sind wir dankbar. Wir entbinden euch von jeglicher Verantwortung. Wir schaffen das, wenn nötig, auch ohne euch!*

Es ist nicht die Regel, dass die leiblichen Eltern den Adoptiveltern gerade dann zur Seite stehen können, wenn diese für das Kind gebraucht werden. Die Adoptiveltern tragen so oder so – auch bei offenen Adoptionen – die Verantwortung.

»Ich lebe gern in Deutschland. Und dennoch bin ich zwiespältig, denn zugleich ist meine innere Zerrissenheit niemals zu kitten: Mit meinem asiatischen Aussehen gelte ich in Deutschland immer als ›Ausländerin‹, in Korea wiederum werde ich wegen meines westlich geprägten Auftretens und meiner Sprache nicht als ›echte‹ Koreanerin akzeptiert.« (Schinkel 2007, S. 244)

Bei der inländischen Adoption dient eine Phase der »Adoptionspflege« dazu, ein Eltern-Kind-Verhältnis aufzubauen. Im Ausland müssen sich Adoptionsbewerber anhand eines »Kindervorschlags« – Foto und schriftliche Daten – für immer für ein Kind entscheiden. Die Adoptionsverpflichtung muss häufig schon eingegangen werden, wenn Kind und Eltern sich noch nicht begegnet sind.

Abrupte Übergänge

In manchen Ländern wird das Kind übergangslos an die neuen Adoptiveltern »übergeben«, meist mit dem Hinweis in seiner Landessprache: »Das sind jetzt deine Eltern.« Muss ein Kind von einem Moment zum anderen seine Lebenswelt, sein Revier, die Menschen und die Sprache austauschen, dann verliert es seine »Kontinuität des Ich« (Erikson), seine Geschichte, seine Persönlichkeit. Viele Adoptiveltern erteilen dem Kind nicht nur einen neuen Nachnamen, sondern auch einen neuen Vornamen, um ihm »die Integration in diesem Land zu erleichtern«. Der Vorname ist jedoch ein wertvoller Bestandteil ihrer Identität und eine der wenigen Möglichkeiten, Kontinuität zwischen dem früheren und dem neuen Leben zu bewahren. Mit dem neuen Namen fühlen sich viele Kinder nicht mehr als »dieselben«, die sie vorher waren.

Wie soll ein Kind später planen, sich orientieren können, Vertrauen aufbauen, wenn es schon einmal von einem Tag auf den anderen alles verloren hat und in ein völlig neues Leben mit zunächst fremden Menschen wechseln musste? Annehmende Eltern, deren Kind einen solch anstrengenden Prozess durchleben musste, dürfen nicht davon ausgehen, dass das künftige Leben komplikationslos und konfliktarm verläuft. Außerdem haben die meisten Kinder schon frühe Stresserfahrungen durchlebt: Kriegswirren, Verlust der Eltern, Neubeginn in verschiedenen Kinderheimen usw.

Eigentlich wird den Kindern, die ohne weiche Übergänge neuen Eltern übergeben werden, nahegelegt, vom ersten Moment des Kennenlernens an so zu tun, als wäre man längst miteinander verbunden. Wenn Kinder diese existenzielle Erfahrung dann aber später bei anderen Menschen anwenden, dann bezeichnen wir sie als »distanzlos«, denn sie sind Fremden gegenüber oft ganz schnell vertraut. Wenn ihnen dann von ihren Adoptiveltern erklärt wird, dass dies unangemessen ist, so strafen sich diese selbst Lügen: Die Beziehung zwischen Adoptiveltern und Kind begann nicht anders: ohne Zwischenschritte, und damit »distanzlos«.

In vielen Ländern wird deshalb ein langsamer Übergang initiiert. Die neuen Adoptiveltern besuchen das Kind täglich im Kinderheim, nehmen es dann auch mit in ihr Quartier und reisen erst nach einigen Wochen mit ihnen in ihr Heimatland.

Auch für Adoptiveltern ist die Auslandsadoption eine aufregende Erfahrung, in der großer Stress und großes Glück sehr nah beieinanderliegen. So verfügen sie oft gar nicht über die Kraft, ihre Kinder in dieser ersten extremen Belastungssituation bestmöglich zu unterstützen, was bei den Kindern die Gefühle von Überwältigung, Ohnmacht und Ausgeliefertsein noch verstärkt.

Zur ersten »seelischen Wundversorgung« sollten die annehmenden Eltern Folgendes beherzigen:

- Lernen Sie wichtige Sätze und Worte in der Heimatsprache des Kindes! Lernen Sie ein oder zwei Kinderlieder und Reime in der Heimatsprache.
- Fertigen Sie eine Dokumentation mit Fotos und Videos von der bisherigen vertrauten Welt des Kindes vor Ort an. Vertraute Kinder und vertraute Bezugspersonen fotografieren und filmen. Das bisherige Bett des Kindes aufnehmen. Wenn möglich, Worte in der vertrauten Sprache des Kindes von vertrauten Personen aufnehmen, zum Beispiel eine kleine Abschiedsrede der bisherigen Heimleiterin, das Abschiedsfest im Kinderheim usw. Zeigen Sie diese Bilder und Videos recht bald im neuen Zuhause.
- Wenn das Kind im Hotel und später im Flugzeug weint, ihm dies innerlich erlauben, sich nicht von der Verzweiflung anstecken lassen. Beruhigend und stabilisierend auf das Kind einwirken, Worte in seiner Sprache sprechen, Reime und Kinderlieder vorsingen, es streicheln, viel Körperkontakt, leichte Massagen anwenden. Wenn das Kind dies nicht zulassen kann: keinerlei Druck oder Zwang anwenden.

- Dem Kind seinen bisherigen Vornamen immer wieder aussprechen und vorsingen.
- Wenn das Kind im Zuhause der Adoptiveltern angekommen ist, nicht zu viele Reize auf einmal anbieten. Nicht zu viele Menschen einladen, nicht zu viele Geschenke anbieten. Keine Willkommensparty bei der Ankunft. Das Kind befindet sich in tiefer Trauer und es zweifelt an seiner Selbstwahrnehmung, wenn die Menschen ringsumher feiern und fröhlich sind.
- Bevor das Kind in den Kindergarten oder die Schule geht, einige Wochen oder Monate Zeit verstreichen lassen.
- Täglich viele kleine und große Freudenmomente miteinander genießen. Glückstagebuch mit dem Kind führen.
- Recht bald mit Biografiearbeit beginnen. Fotos aus der Zeit im Herkunftsland anschauen. Musik aus dem Herkunftsland anhören, Speisen aus dem Herkunftsland kochen. Fernsehfilme anschauen u.a.

Zu der bei diesen Kindern ganz besonders wichtigen Biografiearbeit sei noch einmal auf die Bücher von T. Ryan und R. Walker (2007) und B. Lattschar und I. Wiemann (2011) hingewiesen.

Wie können ältere Kinder schon im Herkunftsland vorbereitet werden?

In den angelsächsischen Ländern wird bei allen Adoptionen das sogenannte *Bridging* zur Bedingung gemacht. Dieses zur Biografiearbeit zählende Prinzip könnte bei allen internationalen Adoptionen zum Standard werden und sollte von den Adoptionsvermittlungsstellen an die ausländischen Partner herangetragen werden. Wir verstehen darunter das »Brückenbauen« von einer in die andere Welt. Die künftigen Adoptiveltern fertigen ein Album an, in dem sie sich selbst, ihr Zuhause und das Land, in dem sie leben, dem Kind vorstellen. Das Kind erfährt, welche Hobbys die künftigen Eltern haben, was sie gern essen, wer sie sind und wie sie leben. Auch wie sie als Kinder ausgesehen und wie sie sich als Paar kennengelernt haben. Es lernt Sitten, Gebräuche, Haus, Umgebung, Spielplätze, Landschaft usw. kennen. Auch eine DVD ist sinnvoll, in der sich alle Beteiligten im Film vorstellen: Nachbarn, Großeltern, Verwandte. Zusätzlich kann die künftige Schule gezeigt werden.

Besonders wichtig ist es, mit den Kindern an ihren Gefühlen zu den »neuen Eltern« und an den elterlichen Aufgaben zu arbeiten: dass man neue Eltern nicht bekommt wie einen neuen Mantel oder einen neuen Hut. So sind die Eltern von Anfang an rechtliche Eltern und haben in weitreichenden Angelegenheiten wie Schulbesuch, Religion usw. zu bestimmen. Sie tragen die finanzielle Verantwortung und geben dem Kind ein Zuhause. Sie leiten es jeden Tag an und beschützen und erziehen es. Trotzdem braucht das Kind zu Beginn zu diesen »neuen Eltern« noch keine Gefühle wie zu einer Mama und einem Papa zu haben. Die Gefühle sind nicht von Anfang an da und können nur ganz langsam wachsen. Vielleicht sollte das Kind die Erwachsenen zunächst beim Vornamen nennen. Es darf sich Zeit lassen, bis es »Mama« und »Papa« sagen möchte.

Das alles sollte dem Kind in seiner bisherigen Sprache schon im Herkunftsland erklärt werden.

Einmal angekommen, ist plötzlich alles anders. Die fremden Menschen sprechen eine fremde Sprache, sie leben nach anderen Regeln, haben andere Gewohnheiten, sehen anders aus. Die Umgebung, die Vegetation, das Klima, das Essen sind fremd.

Ist das Kind schon schulpflichtig, stürmen auf das Kind die Organisation Schule, weitere fremde Menschen und weitere Regelwerke und Normen ein. Dazu sehen sie oftmals noch anders aus als die Mehrheit, werden manchmal ausgeschlossen und können noch nicht einmal die Sprache ganz verstehen.

Viele dieser Kinder vollbringen große psychische Anstrengungen, um sich anzupassen. Oft gelingt ihnen der Beginn in diesem völlig neuen Leben nur, indem sie ihre Vergangenheit komplett auslöschen. Manche Adoptiveltern wollen ihren angenommenen Kindern helfen, indem sie ihnen Erwachsene aus dem Herkunftsland präsentieren, die mit dem Kind in seiner Muttersprache reden. Doch viele Kinder weigern sich, ein Wort in der Muttersprache zu sprechen oder scheinen schon nach wenigen Wochen die Sprache verlernt zu haben – ausgenommen, sie wurden zu zweit als Geschwister vermittelt.

BEISPIEL Eine heute erwachsene Adoptierte aus Vietnam beschreibt, wie vietnamesische Erwachsene mit ihr sprechen wollten: »Ich habe jedes Wort verstanden, das die mit mir gesprochen haben, aber ich habe es mir nicht anmerken lassen. Ich wollte nicht sprechen. Das hat nicht mehr in meine neue Welt gepasst.« ■

Viele Kinder können diesen Bruch im Leben nur ertragen, indem sie ihr bisheriges Leben abtrennen. Sie stürzen sich in den Wunschtraum von einem neuen besseren Leben. Doch ein Teil ihrer Seele geht eigene Wege.

Viele Kinder versuchen eine Zeit lang, dem Harmoniewunsch der neuen Welt zu entsprechen, reißen sich zusammen und spielen, sie seien schon immer Kind dieser Eltern gewesen. Das Kind bekommt auf diesem Weg viel Zuwendung. Mit wirklichem Sicheinlassen hat dies zunächst wenig zu tun. Das Kind übernimmt sich, der psychische Kraftaufwand ist zu groß und kann zu einer Erschöpfung führen. Manche Kinder werden körperlich krank und reagieren mit hohem Fieber. Bei anderen wundern sich die Adoptiveltern später, wenn ihr Kind bei kleinen Anstrengungen erschöpft ist, verzweifelt weint oder sich Anforderungen verweigert.

Es dauert lange, bis sich die Kinder von diesen erheblichen Stresserfahrungen Schritt für Schritt erholen und bis der wirkliche Beziehungs- und Bindungsaufbau langsam beginnen kann. Und viele Kinder aus aller Welt führen dann ihren inneren Kampf zwischen der Sehnsucht, sich ganz einzulassen und hinzugeben, und dem Streben nach Autonomie, um sich gegen weitere Verluste zu schützen (siehe Kapitel 4).

Viele Adoptiveltern eines Kindes aus anderen Teilen der Welt lernen es zu tolerieren und auszuhalten, dass ihr Kind oftmals keinen geraden Entwicklungsweg bezüglich Leistung, Schule oder Ausbildung gehen kann. Auch sollten sie bis ins Erwachsenenalter Bindungsunsicherheiten des Kindes respektieren und mit eigener Verbindlichkeit reagieren (siehe Kapitel 6).

»Die Adoptiveltern wollen doch aber mit dem Kind ein ganz normales Familienleben«, erklärte mir kürzlich eine Vermittlerin ausländischer Kinder. Doch Adoptivfamilien sind dem Wortsinn nach nie »ganz normale« Familien. Das bedeutet auch, ihrem Kind zu erlauben, auf eine ungewöhnliche Geschichte auch ungewöhnlich zu reagieren. Sie sollten sich zum einen definieren als interkulturelle Familie und zum anderen als Eltern von einem seelisch früh verletzten Kind. Diese Eltern benötigen Bündnispartner in Schule und Umgebung, die dem Kind ebenfalls erlauben, ungewöhnlich zu reagieren, und die zugleich bereit sind, mit ihm geduldig an der Realitätsbewältigung zu arbeiten (siehe Kapitel 7 und 8).

Die Identität von Adoptivkindern aus fernen Ländern

Kinder aus anderen Regionen der Erde haben es in der Identitätsbildung noch schwerer als inländische Adoptivkinder. Ihre Eltern sind weiter fort und bleiben oft gänzlich unbekannt. Sie haben nicht nur ihre Eltern und Verwandten verloren, sondern auch die Sprache, die Umgebung, die kulturellen Hintergründe. Dazu noch sehen viele von ihnen anders aus als ihre annehmenden Eltern, und jeder sieht ihnen sofort an, dass sie angenommene Kinder sind. Sie erleben die Blicke, wenn sie mit ihren Eltern ein Restaurant oder eine Straßenbahn betreten.

Da die leiblichen Eltern so viel weiter entfernt von der Lebenswelt des Kindes sind, geht das Umfeld oft davon aus, diese spielten keine so große Rolle. Viele Adoptiveltern trauen sich nicht, die leiblichen Eltern in das Leben mit dem Kind einzubeziehen, da sie »so wenig über sie wissen«. Doch auch das Kind aus einem anderen Land der Welt befasst sich innerlich bewusst oder unbewusst mit seinen Eltern, denkt an sie, träumt von ihnen und geht davon aus, dass es ihnen gleicht. Geben die annehmenden Eltern den leiblichen Eltern einen emotionalen

Platz und ihre Daseinsberechtigung, dann fühlen sich auch diese Adoptivkinder besser »geerdet«.

Anders aussehen als die Mehrheit

Es ist unglaublich, wie stark und tapfer viele Kinder aus aller Welt mit ihrer ungewöhnlichen Situation umgehen. Sie meistern täglich ihre Ausnahmesituation, anders auszusehen als die Mehrheit. Sie lassen sich von den damit verbundenen Niederlagen meist nicht unterkriegen.

BEISPIEL Frederic kam mit neun Monaten aus Vietnam. Heute ist er zehn Jahre alt. Er ist ein ernster, fleißiger, überangepasster Junge. Er weigert sich, mit seinen Adoptiveltern vietnamesisch essen zu gehen. Manchmal sagt ein Schulkamerad: »Du spielst nicht mit, du Schlitzauge!« Wenn Frederic davon zu Hause erzählt, sagt der Adoptivvater: »Frederic, du musst lernen, dich besser zu wehren.« Zur Adoptivmutter sagte Frederic einmal: »Ich wollte, ich hätte so runde Augen wie ihr.« Sie antwortete: »Ich finde deine Augen wunderschön.«

Die Antwort des Adoptivvaters löst in Frederic weitere Minderwertigkeitsgefühle aus. Er macht seine Sache nicht richtig. Auch trifft es Frederic, wegen seines Aussehens zurückgewiesen zu werden. Wo soll er in diesem Moment die Kraft hernehmen, dagegen anzugehen? Auch die lieben Worte der Adoptivmutter helfen nur vordergründig. Was hilft es Frederic, wenn seine Mama seine Augen schön findet, wenn er draußen von anderen dafür zurückgewiesen wird? Hat sie die Tragweite seiner Not denn überhaupt erkannt? ■

Viele Kinder aus Südamerika, Asien oder Afrika werden mitunter von anderen heftig zurückgewiesen. Ich erlebe hin und wieder Adoptiveltern, die versichern, ihr Kind sei vollständig integriert, beliebt und werde nicht wegen seines anderen Aussehens ausgeschlossen. Doch selbst diese Kinder erleben, spätestens wenn sie älter werden, dass sie auf der Straße von anderen gemustert oder sogar von rassistischen Cliquen verbal oder körperlich angegriffen werden.

Ich kenne viele junge Menschen, die solch unangenehme Vorfälle sofort aus ihrem Gedächtnis streichen. Oder sie berichten davon absichtlich nicht, weil sie ihre Adoptiveltern (und sich selbst) nicht damit belasten wollen. Wenn annehmende Eltern die Augen davor verschließen, dass ihr Kind viel Kraft benötigt, um mit erlebter Ausgrenzung umzugehen, dann können sie ihm nicht genug helfen.

Ein Teil der Identitätsentwicklung aller Kinder verläuft über den sorgfältigen Abgleich mit Gleichaltrigen desselben Geschlechts: *Bin ich in Ordnung? Bin ich so wie die anderen?* Und: *Finden mich die anderen so, wie ich bin, gut?* Das sind für alle Kinder ganz entscheidende Fragen bei der Findung von Identität und Selbstwert. Zu erleben, dass nur ein Teil der »anderen« einen gut findet, ein anderer Teil einen aber ablehnt, ist für kein Kind leicht zu bewältigen.

BEISPIEL Die annehmenden Eltern von Frederic zeigten mit ihren Antworten auch, dass sie aufsteigende Schuldgefühle in sich selbst beschwichtigen wollten. *Er weigert sich, in ein vietnamesisches Restaurant zu gehen – bedeutet dies nicht, dass er seine ungewöhnliche Situation noch lange nicht bewältigt hat?* Frederics Adoptiveltern setzten sich mit diesen Fragen auseinander und entwickelten folgende innere Haltung: *Wir haben dich geholt, weil wir Eltern sein wollten. Wir dachten, es sei auch für dich eine gute Alternative. Nun muten wir dir zu, anders auszusehen* *als die Mehrheit und als wir. Das ist für dich schwierig. Wir wollen dich stark machen, dass du dich der Ausnahmesituation immer besser gewachsen fühlst.*

Um Frederic zu stärken, sollte der Adoptivvater anerkennen, dass es in Ordnung ist, wenn sich Frederic nicht wehren kann: »Ich kann dich verstehen. Wenn mich plötzlich andere beleidigen würden, wäre ich auch ratlos.« In einem weiteren Schritt kann er mit Frederic in Rollenspielen üben, wie er fremdenfeindlichen Angriffen begegnen kann. Hierbei sollte er keinen Druck ausüben, sondern herausfinden, was für Frederic der angemessene Weg ist.

Die Adoptivmutter sollte ihrem Satz »Ich finde deine Augen wunderschön« hinzufügen: »Und ich kann verstehen, dass es doof ist, anders auszusehen als die Mehrheit. Wenn wir zusammen nach Vietnam fahren, dann sind wir Eltern diejenigen, denen jeder ansieht, dass wir nicht von dort sind.« Und sie könnte ihm vermitteln: »Hier in Deutschland bist du jetzt zu Hause und du bist deutscher Staatsbürger. Hier gehörst du hin. Und dein Herkunftsland ist Vietnam. Ich wünsche dir, dass du dich in deiner Rolle als Weltbürger, der in Deutschland zu Hause ist und aus Vietnam kommt, irgendwann gut zurechtfindest.« ■

Viele Adoptiveltern reisen schon in das Herkunftsland der Kinder, wenn diese noch jung sind. Sie berichten über die positive Wirkung. Jugendliche und erwachsene Adoptierte, die ihr Land besuchten, berichten, mehr Verbundenheit mit sich selbst gefunden zu haben. Zugleich entwickeln sie nach einer solchen Reise häufig eine stärkere Zugehörigkeit zu ihrem Zuhause in diesem Land.

Wenn Pflegefamilien ein Kind aus einer Familie aufnehmen, die durch Migration zu uns gekommen ist, so gesellt sich zu dem häufigen sozialen Unterschied ein kultureller, der zusätzlich die Balance zwischen Herkunfts- und Pflegefamilie erschwert. Andere Werte, Normen, eine andere Religion können die Kluft zwischen beiden Familien vertiefen.

Deutsche Pflegefamilien erwarten oft, dass sich die Herkunftsfamilie ganz auf die deutschen Gewohnheiten und Gepflogenheiten einlassen. Doch Menschen, die von tiefen Umbrüchen in ihrem Leben, von Flucht, Krieg, Verlusten der Identität und Zurückweisung geprägt sind, können nicht ohne Weiteres ihr vertrautes Normensystem über Bord werfen. Dies sollten Pflegeeltern respektieren. »Menschen streben danach, von der Kultur des Gastlandes nicht nur an-, sondern auch aufgenommen zu werden, auch als Fremde dazuzugehören. Gleichzeitig gibt es aber auch die Tendenz, sich gegen die aufnehmende Kultur abzugrenzen und in dieser Abgrenzung die eigene Identität zu wahren. Dies findet sich insbesondere dann, wenn – und das ist vielen Migranten passiert – die Außenwelt sich diskriminierend und entwertend verhalten hat: Wenigstens ein Bereich soll ein Schutzraum bleiben, in dem keine Entwertung stattfindet (auch wenn dieser dann manchmal zu eng werden kann ...).« (Schlippe u. a. 2008, S. 120)

Es reicht nicht, ein Kind ausschließlich zum Kind einer deutschen Familie zu machen. Die annehmende Familie sollte sich als Partnerin der Herkunftsfamilie des Kindes und als Teil eines großen interkulturellen Systems verstehen und dem Herkunftsland und den nahestehenden Menschen ihres Pflegekindes

Wertschätzung und Interesse entgegenbringen. Das bedeutet, dem Herkunftsland, der Herkunftsfamilie und ihrer Geschichte einen emotionalen Platz einzuräumen.

So manche junge Mutter, die ihr Kind in einer Pflegefamilie untergebracht hat, wurde selbst schon seit ihrer Kindheit zwischen den kulturellen Werten und Normen ihres Herkunftslandes und ihres Aufenthaltslandes zerrissen. Dass sie ihr Kind in einer Pflegefamilie platziert hat, wird meist von ihrem Familienverband nicht toleriert. So steht sie unter erheblichem Druck aus ihrer Familie. Bei den Besuchskontakten wollen dann mitunter viele Verwandte teilhaben. Und wenn die Pflegefamilie sich dagegenstellt, bedeutet dies Stress für die leibliche Mutter und damit auch für das Kind.

Unterschiedliche Normen und Gewohnheiten respektieren

Der Pflegevater eines marokkanischen kleinen Jungen erzählte einmal auf einem Seminar: »Bei uns kann es vorkommen, dass am Besuchstag mit der Mutter neun bis zehn Personen vor der Tür stehen und eingelassen werden wollen.«

Wenn Pflegeeltern ein Kind aus einer anderen Religion und mit anderen Traditionen aufnehmen, so sollten sie bereit sein, sich auf die Lebenswelt dieser Menschen einzustellen. Das kann mitunter eben auch bedeuten, Gastgeber für neun bis zehn Personen zu sein.

Nicht die Anwesenheit der vielen Menschen ist für das Pflegekind schädlich. Belastend wird es, wenn diese Menschen sich nicht gemäß den realen Bindungen und Beziehungen verhalten und das Kind überfordern oder vereinnahmen. Hier sollten auch Menschen mit einem anderen kulturellen Hintergrund lernen, dass sie sich zurückhalten und nicht über das Kind verfügen dürfen. Annehmende Eltern sollten mithilfe der Fachkräfte darauf achten, dass der Besuch nicht auf Kosten des Kindes geht. Die Pflegeeltern benötigen ein inneres Konzept, wie sie das Kind schützen und stärken.

Oft helfen schon Erklärungen der gastgebenden Pflegeeltern wie: »Wir freuen uns, dass Sie alle gekommen sind, um nach Moussa zu schauen. Nur anfassen und küssen, das mag er nicht. Machen Sie bitte langsam! Lassen Sie ihm bitte Zeit!«

Um der Familie eines solchen Pflegekindes entgegenzukommen, benötigen die Pflegeeltern viel Einfühlung und Kreativität. Pflegeeltern können lernen, für das Kind interkulturelle Familie zu sein: Sie können die Musik des Herkunftslandes hören, Speisen kochen, zusammen mit dem Kind in das Herkunftsland in Urlaub fahren usw.

Arist von Schlippe und Kollegen schlagen vor, zu Beginn einer Beratung von ausländischen Familien Wertschätzung und Interesse am Herkunftsland zu zeigen. Dieses Prinzip ist auf die Zusammenarbeit zwischen Pflege- und Herkunftsfamilien übertragbar: Kommt die Familie vom Land, aus der Stadt? Was ist der Unterschied? Wie sah es zu Hause aus? »Was wäre das Schönste aus der Heimat, was Sie mir zeigen würden, wenn ich in Ihrem Land zu Gast wäre?« (Schlippe u. a. 2008, S. 103).

BEISPIEL Levin, zwölf Jahre alt, aus einer Familie aus der Türkei, wurde als Baby in seine Pflegefamilie gegeben. In der Pflegefamilie leben noch drei weitere ältere Pflegekinder aus Deutschland und zwei leibliche erwachsene Kinder. Levins Mutter ist in Deutschland aufgewachsen und wurde nach der nichtehelichen Geburt ihres Sohnes von ihrer türkischen Familie ausgeschlossen. Levins Vater ist Marokkaner. Er ist schon lange wieder in seinem Land. Die Mutter, drogenabhängig und wiederholt straffällig geworden, kämpfte lange um die Rückkehr des Kindes. Ihr wurde das Aufenthaltsbestimmungsrecht entzogen und auf den Großvater von Levin übertragen. Als Levin neun war, wurde die Mutter in die Türkei abgeschoben.

Inzwischen weigert sich Levin, seinen Großvater zu besuchen. Wenn die Mutter aus der Türkei anruft, will er nicht mit ihr sprechen. Die Mutter beschimpft dann die Pflegeeltern am Telefon, sie würden ihr ihren Sohn entfremden. Und sie verlange von Levin, dass er mit ihr telefoniere. Die Pflegemutter entgegnet, dass Levin nicht zum Telefonieren gezwungen werden dürfe.

Wenn der Pflegevater zu Levin sagt: »Wir müssen mal wieder zu deinem Opa zu Besuch gehen. Das ist nun mal deine Familie«, antwortet Levin: »Das ist überhaupt nicht meine Familie. Mit denen will ich nichts zu tun haben. Ihr seid meine einzige und allerbeste Familie!« Der Großvater beschwert sich beim Hilfeplangespräch im Amt: »Levin lehnt seine türkische Herkunft ab. Die Pflegefamilie macht da etwas falsch!« ■

Viele Widersprüche für die Kinder

Wenn ein Kind jung in die deutschsprachige Pflegefamilie kam, hat es meist die Sprache seiner eigenen Herkunftsfamilie verlernt und es hat Werte, Normen und Gewohnheiten aus der hiesigen Kultur längst übernommen. So manches Kind aus einer ausländischen Herkunftsfamilie fühlt sich gegenüber den eigenen Eltern inzwischen fremd. Dies kann bei Kontakten zur Herkunftsfamilie zu besonderen Konflikten führen.

Das Kind spürt die Ansprüche seiner Angehörigen, die nicht wollen, dass es so selbstverständlich nach hiesigen Werten und Normen lebt. Auch die Angehörigen sind unglücklich, dass zwischen ihnen und dem Kind Fremdheit entstanden ist.

Kinder von Familien aus anderen Ländern und Kulturen, die hier in einer Pflegefamilie leben, gehören längst in dieses Land, sind hier zu Hause. Aber sie machen auch Erfahrungen von Ausgrenzung und Rassismus. Zusätzlich erleben sie, dass ihre emotionalen, annehmenden Eltern so aussehen wie die Mehrheit.

Es gibt Widersprüche zwischen dem kindlichen Erleben (»Wir gehören als Pflegefamilie zusammen«) und der Bewertung von Außenstehenden und der Herkunftsfamilie (»Ihr gehört nicht zusammen«). Viele Kinder sind innerlich zerrissen. Sie wissen noch nicht: Bin ich für immer festgelegt, türkisch, marokkanisch, afrikanisch zu bleiben? Oder darf ich Werte, Haltungen und Normen aus diesem Land übernehmen? Ich habe mehr als einmal türkische Mädchen und Jungen in deutschen Pflegefamilien erlebt, die nicht mehr »türkisch« sein wollten.

Wird das Pflegekind ausländischer Herkunft ausgegrenzt oder attackiert, kann es sich meist nicht mit Kindern derselben Sprache und derselben Herkunft zusammenschließen und solidarisieren. Dazu fühlt es sich nicht mehr türkisch, marokkanisch oder italienisch genug.

BEISPIEL Levin befindet sich vermutlich nicht nur im Loyalitätskonflikt zwischen zwei Familien, sondern auch zwischen zwei Kulturen.

Um Levin zu entlasten, benötigt er auf mehreren Ebenen Hilfe. Die Pflegeeltern erarbeiteten in der Beratung, dass es nicht reicht, Levin in ihre Familie zu integrieren und ihn in der Zurückweisung seiner türkischen Familie zu unterstützen. Sie erkannten, dass ein Kind, das seine türkische Mutter und seinen marokkanischen Vater ablehnt, auch in Teilen Nein zu sich selbst sagt.

So waren sie bereit, der leiblichen Mutter und dem leiblichen Vater einen Platz in Levins Leben zu geben. Ihre ablehnenden Gefühle gegenüber Levins Herkunftsfamilie wandelten sie allmählich um in Einfühlung und Toleranz. ■

Den Kindern hilft, wenn die Pflegefamilie gegenüber der Herkunftsfamilie die Haltung vertritt: *Alle Menschen sind Weltbürger. Soziokulturelle Unterschiede, Unterschiedlichkeit in Werten, Normen, Religionen dürfen so sein.* Die Pflegeeltern können das Kind bewusst ermutigen, die Identitäten von zwei oder mehr Ländern und verschiedener Kulturen in sich zu tragen. Die Vergangenheit und das Aussehen des Kindes sind geprägt von seiner Herkunft, aber seine heutige Persönlichkeit entwickelt sich in diesem Land mit den hiesigen Gewohnheiten, Ansichten und kulturellen Normen.

Selbst Menschen, die schon in der dritten Generation in diesem Land leben, werden oft noch auf ihr Herkunftsland festgeschrieben. Dabei haben sie ihre Geschichte längst weitenteils abgestreift und sind in diesem Land zugehörig und zu Hause! Eine türkischstämmige Erwachsene berichtete, dass sie oft vor den Ferien gefragt wird: »Und, fahren Sie in den Ferien nach Hause?« Sie antwortet dann: »Ja, nach Berlin.« Um Kindern all diese Probleme kindgerecht zu vermitteln, ist T.B. Jellouns Buch *Papa, was ist ein Fremder?* (2004) zu empfehlen.

An die Mutter schrieb die Pflegemutter von Levin folgenden Brief, den sie Levin auch zeigte:

BEISPIEL »Liebe Mama von Levin,

Sie werden sich wundern, dass Sie von mir Post bekommen. Ich stelle es mir sehr schwer vor, dass Sie so weit weg von Ihrem Sohn leben. Dennoch bleiben Sie die Mutter von Levin und Sie werden es immer bleiben. Ich kann auch Ihre Enttäuschung verstehen, wenn Levin nicht mit Ihnen telefonieren möchte. Levin hat Sie nicht vergessen. Im Gegenteil. Sehr viele Kinder, die von ihren Müttern getrennt leben, handeln ähnlich wie Levin. Sie wollen beweisen, dass sie inzwischen ohne ihre Mama auskommen. Wenn Sie Levin jetzt zu Telefongesprächen zwingen, wird alles nur noch schlimmer. So schwer es für Sie ist: Wenn Sie etwas Gutes für Levin tun wollen, dann sollten Sie ihm die Erlaubnis für eine ›Sendepause‹ geben.

Sie können sich als Mama jederzeit bei uns Pflegeeltern über Levin erkundigen. Vielleicht schreiben Sie ihm ab und zu schöne Postkarten aus der Türkei.

Levins Pflegemama« ■

Auch mit dem Großvater wurde beratend gearbeitet. Er verfasste nach mehreren Beratungsstunden folgenden Brief für Levin:

BEISPIEL »Mein lieber Enkelsohn,

vielleicht ist es schwer für dich, einerseits in eine deutsche Familie zu gehören und kaum mehr Türkisch zu verstehen und gleichzeitig aus einer türkischen Familie zu kommen. Du weißt ja, dass ich als dein Opa im Auftrag deiner Mama dein gesetzlicher Bestimmer bin. Da du schon immer in deiner Pflegefamilie zu Hause bist, kennen wir uns gar nicht so gut. So kann ich verstehen, dass du mich nicht so gern besuchen willst. Ich werde dich künftig nicht mehr dazu zwingen. Mit deinen Pflegeeltern habe ich ausgemacht, dass ich gelegentlich zu euch komme, um zu schauen, wie es dir geht und ob alles in Ordnung ist.

Du weiß ja, dass ich deiner Mutter einmal sehr böse war, weil sie Drogen nahm, ins Gefängnis kam und ihren Sohn hergeben musste. Heute denke ich, deine Mutter ist so geworden, weil es für sie schwer war, als Kind aus der Türkei nach Deutschland zu wechseln, und weil sie zwischen der türkischen und der deutschen Welt als Mädchen sehr hin- und hergerissen war. Ich bin heute deiner Mutter nicht mehr böse. Auch bin ich inzwischen stolz, dass sie dich geboren hat. Ich finde es gut, dass ich dein Vormund bin und etwas für dich tun kann. Ich habe gerade deinen deutschen Pass erhalten und werde ihn demnächst vorbeibringen.

Dein Großvater« ■

Die Mutter schrieb als Reaktion auf den Brief der Pflegemutter eine Postkarte an Levin: »Du willst zurzeit mit mir nichts zu tun haben. Ich lasse dir Zeit! Deine Mama.«

BEISPIEL Als die Mutter nach drei Monaten (durch Einsatz ihres Vaters) für vier Wochen nach Deutschland kam, kam auch sie zur Beratung. Sie sagte zu Levin in einem gemeinsamen Gespräch: »Ich habe deinen Vater sehr geliebt, aber wir waren beide so voller Probleme, dass wir nicht zusammenbleiben konnten.« Bei diesem Gespräch verabredete sich Levin mit seiner Mutter. Die beiden verbrachten zu zweit einen ganzen Sonntag.

Der Pflegevater erklärte Levin: »Du gehörst zu uns und du hast einen deutschen Pass. Gleichzeitig hast du eine Familie, aus der du kommst, die stammt aus der Türkei. Und drittens hast du einen Vater aus Marokko!« Levin erwiderte: »Ich fühle mich hauptsächlich deutsch. Aber ich sehe türkisch-marokkanisch aus. Das finde ich inzwischen nicht mehr so schlecht. Übrigens: Die Mama kann ja doch ganz nett sein.« ■

Wichtig ist, dass Pflegeeltern eine gute Mischung finden, um das Kind zu stärken, dass es berechtigt ist, in diesem Land zu Hause zu sein und dazuzugehören, und zugleich die Werte des Herkunftslandes als einen Teil seiner Vergangenheit zu würdigen und zu achten!

*»Durch den Vorgang der Identifikation, des sich als gleich oder identisch mit dem anderen Erlebens, fühlt sich das jüngere Geschwister beispielsweise ebenso stark und klug und mächtig wie das ältere und nimmt teil an dessen Erfolgen. Das ältere, das sich mit dem jüngeren identifiziert, erlebt dadurch mit, wie dieses vonseiten der Eltern besondere Zuwendung und Aufmerksamkeit erhält, und hat innerlich Anteil an dessen Verwöhnung und Bevorzugung.« (***Kasten*** *1998, S. 81)*

Geschwister, die zusammen aufwachsen, sind eng miteinander vertraut. Sie haben einen schnellen Wissens- und Gefühlsaustausch. Sie haben gemeinsame Erinnerungen. Brüder oder Schwestern sind, wie die Eltern, für immer ein Teil von einem selbst. Geschwister haben intime Kenntnis voneinander. Oftmals haben sie eine gemeinsame Sprache, Codes, Symbole. Sie haben dieselben Familienregeln verinnerlicht, Normen, Mythen und Rituale. Soziologen haben festgestellt, dass Geschwister im Alter wieder höheren Stellenwert erhalten, wenn Freunde weniger werden. Suchen heranwachsende Pflege- und Adoptivkinder nach ihren Wurzeln, dann finden sie es besonders spannend, leibliche Voll- oder Halbgeschwister kennenzulernen, mit denen sie nie gelebt haben.

In Pflege- und Adoptivfamilien gibt es leibliche und angenommene Kinder. Diese leben wie Geschwister zusammen, teilen dieselben Eltern, aber ihnen ist auch gegenwärtig, dass sie biologisch nicht miteinander verwandt sind. Auf die harmlose Aufforderung eines Adoptivvaters: »Gib deinem Bruder mal die

Butter rüber«, kann plötzlich die brisante Antwort kommen: »Jan ist nicht mein Bruder!« In Pflege- und Adoptivfamilien sind soziale und leibliche Geschwisterschaft auf unterschiedliche Weise verteilt. Bei Halbgeschwistern gibt es hier weitere unterschiedliche Zusammensetzungen.

Wurden Geschwister derselben Eltern gemeinsam aufgenommen, dann sind diese miteinander verwandt, aber nicht mit den emotionalen Eltern, mit denen sie in einer Familie zusammenleben. Angenommene Kinder fühlen sich gegenüber den leiblichen Kindern ihrer sozialen Eltern oftmals benachteiligt. »Ich bin ja nicht euer richtiges Kind. Und eure leiblichen Kinder habt ihr sowieso lieber als mich«, erklärt so manches Pflege- oder Adoptivkind.

Und oft gibt es leibliche Geschwister, die in unterschiedlichen Familien wohnen. Es kommt vor, dass ein Teil der Geschwister in der Herkunftsfamilie aufwächst, ein anderer Teil bei Pflege- oder Adoptiveltern. Oder Geschwister aus einer Herkunftsfamilie wachsen in unterschiedlichen Pflege- oder Adoptivfamilien auf.

Manchmal sind sich die Erwachsenen nicht wirklich darüber im Klaren, was eigentlich eine Geschwisterbindung ausmacht. In Pflege- und Adoptivfamilien kann auch zwischen sozialen Geschwistern innigste Vertrautheit herrschen. Sie haben Gefühle zueinander wie Geschwister, weil sie täglich in einer Familie zusammenleben. Und es können Geschwister in anderen Familien leben, bei denen das Wissen um die leibliche Geschwisterschaft die Beziehung beeinflusst. Dennoch können diese Geschwister ganz unterschiedliche Werte, Lebensregeln und Haltungen entwickeln. So kann es dazu kommen, dass sich leibliche Geschwister – je nachdem, wie viele Jahre sie schon getrennt leben – einander fremd geworden sind.

Ob wir als Einzelkind aufgewachsen sind oder mit Geschwistern, ob wir jüngere oder ältere Schwestern und Brüder haben, wie groß unser Altersabstand war, das alles prägt uns für ein ganzes Leben. Der Verlust durch Trennung oder Tod eines Geschwisters trifft Menschen existenziell. Jüngere Kinder nehmen ältere gleichgeschlechtliche Geschwister oftmals stärker als Modell für ihr Sozialverhalten als die Eltern. Das bedeutet, es gibt intensive Identifikationsprozesse unter Geschwistern, besonders bei geringem Altersabstand. Geschwister vergleichen einander: Worin sind wir einander ähnlich, worin unterscheiden wir uns?

Geschwister teilen dieselben Eltern, dieselbe Wohnung, besitzen ähnliche Dinge wie Möbel, Kleidung, Spielzeug. Geschwisterbeziehungen können bei Streit nicht auf Dauer beendet werden wie manche Beziehungen zu Gleichaltrigen außerhalb der Familie. Geschwister lernen früh, sich mit dem anderen wieder auf irgendeine Weise zu arrangieren.

»Allein aufgrund des Geschwisterstatus besteht und erhält sich ihre Beziehung. Diese Besonderheiten zusammengenommen tragen sehr wahrscheinlich dazu bei, dass sich Geschwisterbeziehungen von allen anderen sozialen Beziehungen, Freundschaften, Bekanntschaften, Liebesbeziehungen, Eltern-Kind-Beziehungen unterscheiden. In mancher Hinsicht verlaufen sie unreflektierter, automatischer und erweisen sich als urwüchsiger, enger, tiefer und spontaner als [andere] Sozialbeziehungen.« (Kasten 1998, S. 101)

Wichtig ist es, die Qualität der Geschwisterbindung zu erkennen.

Stephan P. BANK und Michael D. KAHN (1998) haben als wichtiges Kriterium für eine Geschwisterbindung den »Zugang« unter Geschwistern bezeichnet. Frühe gemeinsam verbrachte Jahre und täglich viele gemeinsam verbrachte Stunden des Lebens fördern die Geschwisterbindung, zusammen mit dem Wissen und dem Erleben, dieselben Eltern zu haben.

Ein hoher Zugang zueinander fördert eine enge Geschwisterbindung:

- Geschwister mit geringem Altersabstand,
- Geschwister mit großer Nähe (gemeinsames Zimmer, gemeinsamer Kindergarten usw.),
- hoher Grad an gemeinsamer Erfahrung und gemeinsamer Zeit im Alltag,
- geringer Einfluss der Eltern steigert den Zugang unter den Geschwistern,
- wenn Eltern sich zurückziehen, werden Geschwister zu den wichtigsten Bezugspersonen.

Niedriger Zugang unter Geschwistern führt zu schwächerer Geschwisterbindung:

- Geschwister mit größeren Altersabständen,
- bei Integration in verschiedenen Gruppen,
- bei eigenen Zimmern usw.,
- verschiedene Freunde, Vereine, Bezugsgruppen.

Jüngere Kinder sind seit den ersten Lebenstagen an die Stimmen, an die Gesichter, an die tägliche Nähe der älteren Geschwister gewöhnt. Geschwister, die getrennt aufwachsen, haben keinen Zugang zueinander, keine Alltagsvertrautheit.

Gründe für die gemeinsame Vermittlung von Geschwistern

Geschwister sind Teil der Welt, gehören zum Leben. Wir wissen von jungen Kindern, die von ihren Eltern getrennt wurden, dass sie weniger »bindungsgestört« reagieren, wenn ihnen die vertraute Schwester, der vertraute Bruder bleibt. Und sie fühlen sich nicht ganz so allein bei ihrem schweren Prozess, sich in eine neue Welt einzuleben. Das Geschwisterkind erleidet dasselbe Schicksal.

Untersuchungen haben ergeben, dass die gemeinsame Vermittlung von Geschwistern in eine neue familiäre Umgebung angstreduzierend wirkt. Die Kinder können sich dann langfristig besser stabilisieren, weil sie sich nicht komplett entwurzelt fühlen.

Wenn Eltern nicht genügend verfügbar sind, suchen die Kinder in der Geschwisterbeziehung ihre Bedürfnisse nach Kontakt, Kommunikation, Schutz und Geborgenheit zu befriedigen. Deshalb kommt in Familien, in denen sich die Mütter oder Väter in schweren Krisen befinden, der Geschwisterbindung ein besonderer Stellenwert zu, und diese Geschwister sind besonders stark miteinander verbunden.

Durch gemeinsame Vermittlung bekommen Geschwisterkinder die Chance, eine frühe Bindung in ihrem Leben zu bewahren. Durch die Trennung von Geschwistern, die Tag und Nacht in enger Abstimmung miteinander gelebt haben, wird Kindern eine weitere seelische Verwundung zugefügt, was ihre innere Vereinsamung und ihr Misstrauen gegenüber neuen Bezugspersonen verstärken kann.

Geschwister werden häufig von den Vermittlungsdiensten getrennt untergebracht. Zum einen fehlt es an Pflege- und Adoptivfamilien, die Geschwister aufnehmen. Zum anderen gibt es auch fachliche Positionen, die die Trennung von Geschwistern ausdrücklich befürworten. Sie argumentieren, die Kinder seien so verhaltensauffällig und verletzt, dass ein Elternpaar die Bedürfnisse von zwei oder mehreren Kindern nicht abdecken könne. Dem ist entgegenzuhalten, dass die Geldgeber der Jugendhilfe Zeit, Geldmittel und Fachpersonal zur Verfügung stellen müssten, um Geschwistergruppen mit erhöhtem pädagogischem Bedarf in geeigneten Institutionen mit Familienkonzept oder in professionellen Familien gemeinsam unterzubringen.

Ein weiteres Argument der Befürworter von Geschwistertrennung lautet, ein Kind, das allein in eine Familie kommt, ließe sich besser integrieren. Käme es hingegen zusammen mit einem Geschwister zu neuen Eltern, so wäre der Beziehungsaufbau zu den Erwachsenen erschwert. Mit anderen Worten: Ein Kind lässt sich besser auf neue Menschen ein, wenn wir es zuvor nochmals verwunden und vereinsamen? Wir wissen heute, dass diese Rechnung nicht aufgeht! Vielleicht passt sich ein einsames Kind äußerlich besser an, aber innerlich bleibt es in weiten Teilen autonom und misstrauisch.

Ein anderes Argument lautet: Geschwister wurden oftmals gemeinsam traumatisiert und beim weiteren Zusammenleben könnten die alten Wunden nicht heilen. Doch die frühere Zeit hat nicht nur aus Schmerz und Bedrohung bestanden, die Kinder haben sich auch gegenseitig Schutz, Trost und Halt gegeben. Die Vertrautheit und Solidarität unter den Geschwistern, das gemeinsame Integrieren der furchtbaren Erfahrungen in das weitere Leben sind wertvolle Schutzfaktoren.

Manchmal wird auch begründet, die Kinder behinderten sich gegenseitig. Sie hätten eine starke Rivalität, würden sich erbittert streiten, wären missgünstig untereinander. Die Geschwisterbeziehung ist eine Bindung, die in frühen Jahren oft von Streit, Konkurrenz und von besonderen Rollenverteilungen geprägt ist. In Normalfamilien kommt niemand auf die Idee, Geschwister für ihr restliches Leben zu trennen, auch wenn sie sich durch Rivalität, Dominanz oder durch heftige Streitigkeiten gegenseitig das Leben schwer machen.

Zuweilen heißt es auch, dass das ältere Kind daran gewöhnt sei, für das jüngere zu sorgen. Es müsse aber lernen, wieder Kind zu sein. Hat ein älteres Kind in der Herkunftsfamilie zu viel Verantwortung für die jüngeren Geschwister getragen, so kann die abrupte Fortnahme dieser Aufgabe dieses Kind eher belasten. Seine bisherigen Überlebensfähigkeiten werden plötzlich nicht mehr gebraucht. Dieser erzwungene Rollentausch führt bei Kindern oft zur Verwirrung. Sie benötigen kleine Übergangsschritte.

Auch wird oft übersehen: Die Ursache für belastende Geschwisterbeziehungen sind die Einflüsse der Eltern. In einer neuen Umgebung mit neuen Bindungspersonen und neuen Vorbildern ändert sich meist auch das eingespielte Verhalten unter den Geschwistern. Nach einem Umgebungswechsel kann das destruktive Element oft korrigiert werden. Dies sollte auf alle Fälle versucht werden, bevor eine Trennung von Geschwistern erwogen wird.

Wann ist eine getrennte Vermittlung sinnvoll?

Getrennte Vermittlung von Geschwistern ist überall dort

möglich und nicht schädlich, wenn die Kinder keinen »hohen Zugang« zueinander hatten:

- Kinder, die nicht miteinander gelebt haben;
- Kinder, die schon lange getrennt waren;
- Neugeborene, wenn die älteren Kinder sich vergewissern können, wo das Kind lebt.

Kinder sollten getrennt vermittelt werden bei:

- erlittener Gewalt durch ein älteres Geschwisterkind;
- sexueller Misshandlung durch einen älteren Bruder oder eine Schwester;
- extrem aggressiven, destruktiven Verhaltensmustern mit geringer Besserungsprognose.

Wurden Geschwisterkinder getrennt untergebracht, so ist – außer bei zurückliegenden Misshandlungssituationen – sicherzustellen, dass die annehmenden Familien den Geschwistern häufigen Kontakt zueinander ermöglichen.

Die Dynamik bei der Aufnahme von Geschwistern

Werden Geschwister gemeinsam in eine Pflege- oder Adoptivfamilie aufgenommen, so kann sich das jüngste Kind meist am besten auf die neuen Menschen einlassen. Das jüngere Kind kann sich besser binden, weil es ältere Geschwister in die neue Welt mitbringen durfte. Das ältere Geschwisterkind ist meist seelisch stärker verletzt, hat schon länger unter den belastenden Lebensumständen gelitten und hat somit auch stärkere Unabhängigkeitsbestrebungen.

BEISPIEL Linda (12) und Lena (9 Jahre alt) leben seit fünf Jahren in ihrer Pflegefamilie. Zuvor haben die Kinder mit ihrer depressiven, passiven Mutter zusammengelebt, die seit der

Trennung vom Vater nicht mehr angemessen für die Kinder da sein konnte. Als die Kinder zum Anbahnungsbesuch ins Haus der Pflegefamilie kamen, hielten sie sich die ganze Zeit an den Händen. Es war Linda, die ihre jüngere Schwester nicht losließ. Als die Kinder in der Familie lebten, dirigierte Linda ihre Schwester Lena von früh bis spät, verfügte über sie, war beleidigt, wenn Lena einen eigenen Willen zeigte und sich ihr widersetzte. Linda konnte kaum etwas ohne die Schwester anfangen. Linda blieb auf Lena fixiert und war für die Pflegeeltern nur schwer erreichbar.

Die Pflegeeltern versuchten gegenzusteuern. Manchmal schimpften sie mit Linda, schickten sie in ihr Zimmer und verlangten von ihr, Lena wenigstens zeitweise in Ruhe zu lassen. Lena nahm dann ihre Schwester in Schutz und erklärte der Pflegemutter: »Lass die Linda nur, ich komme schon mit ihr zurecht.« Dann schlossen sie die Zimmertür hinter sich und spielten miteinander.

Für Linda war die jüngere Schwester seit ihrer Geburt ein Anker. Durch das Baby fühlte sie sich mit ihrer traurigen und bedrückten, schweigsamen Mutter nicht mehr allein und ausgeliefert. Wenn die Mutter für die Kinder nicht verfügbar war, setzte die dreijährige Linda alles in Bewegung, damit das Baby beruhigt wurde und Hilfe bekam. Lena wurde zur Existenzgrundlage von Linda und Linda wurde die Ersatzmutter von Lena. Linda konnte mit dreieinhalb Jahren schon die Windeln ihrer Schwester wechseln und wusste, wie man Wäsche zusammenlegt.

Im neuen Lebensumfeld war es Linda, die sich an ihrer jüngeren Schwester festhielt, indem sie sich ständig um sie kümmerte und so die Kontrolle übernahm. Lena hingegen, gestärkt durch Lindas Präsenz, konnte sich ganz gut von der Schwester entfernen und Vertrauen auf die Pflegeeltern übertragen.

Gerade ältere Mädchen können die bemutternde Rolle für ihre jüngeren Geschwister nicht von heute auf morgen abgeben. Linda fühlte sich in ihrem »Element«, wenn sie ihre jüngere Schwester »im Griff« hatte.

Die Pflegeeltern ließen sich beraten und lernten zunächst, folgende innere Haltung zu beziehen: *Die beiden Mädchen haben gelernt, ihr Leben weitestgehend ohne Erwachsene zu regeln. Wir wollen Linda erlauben, dass sie so ist, wie sie ist, und akzeptieren, dass wir schwerer an sie herankommen als an Lena. Linda darf unser Sorgenkind sein. Sie hat als Ältere mehr mitgemacht als Lena. Wir wollen sie nicht dauernd kritisieren! Auch, dass sie ihre kleine Schwester beherrschen will, wollen wir respektieren. Aber wir werden Lena auch schützen. Wir verdanken Lindas Dasein, dass Lena sich so gut entwickeln und sich auf uns einlassen kann.*

Wenn es den Pflegeeltern zu viel wurde, dass Linda die kleine Schwester tyrannisierte, gingen sie nicht mehr darauf ein, sondern »lenkten ab«, machten Vorschläge, was sie gemeinsam unternehmen könnten. Sie hoben oft hervor, wie gut sie es finden, dass die beiden Schwestern so gut zusammenhalten.

In einem ruhigen Moment sagte die Pflegemutter: »Linda, als du klein warst, hattest du keinen anderen als deine Schwester. Du hast auf sie gut aufgepasst. Ich kann verstehen, dass du dich auch heute noch dauernd mit ihr beschäftigen willst. Was hältst du davon, wenn wir jeden zweiten Tag eine ganz besondere Stunde zusammen verbringen? Du, Lena und ich spielen zusammen oder unternehmen etwas. Und in dieser Stunde übst du, nicht über Lena zu bestimmen. Wenn es doch passiert, dann ist das nicht schlimm, dann lachen wir gemeinsam darüber, und wenn du die Stunde schaffst, ohne Lena zu bestimmen, dann feiern wir anschließend zusammen.«

Die Intervention der Pflegemutter wirkte. Nach den ersten »Übungsstunden« merkte Linda oft von allein: »Oje, jetzt habe ich dich wieder kommandiert. Das will ich ja lassen!« ■

Es braucht besonders viel Geduld und Feinfühligkeit aufseiten der annehmenden Eltern, die Rollen- und Identifikationsmuster unter Geschwistern nicht zu schnell ändern zu wollen. Pflege- und Adoptiveltern, die Geschwister aufnehmen, haben in ihrer Familie eine Kleingruppe.

Geschwisterkinder fühlen sich oftmals noch lange als Repräsentanten ihrer Herkunftsfamilie. Die Beziehung unter ihnen ist älter als die zu den annehmenden Eltern. Durch ihre Verwandtschaft und die zusammengelebten Jahre fühlen sich Geschwister untereinander manchmal stärker miteinander verbunden als mit den neuen Eltern. Nur Pflege- und Adoptiveltern, die bereit sind, zu ertragen, dass sie die »jüngere« Beziehung sind, sollten Geschwisterkinder aufnehmen. Die enge Abhängigkeit und Gemeinschaft der Kinder sollte respektiert werden. Zugleich kann in sehr kleinen Schritten – ohne Kritik – gegengesteuert werden und die Unabhängigkeit der Kinder voneinander gefördert werden.

Ich kenne viele Pflege- und Adoptiveltern, die mit der Aufnahme von Geschwistern gute Erfahrungen gemacht haben. Sie haben die intensive Beziehung der Kinder untereinander respektiert. Und sie haben sich selbst erlaubt, dass sie zu den verschiedenen Geschwisterkindern auch verschiedene Gefühle haben. Meist gelingt es früher, zum jüngeren Kind eine intensivere Beziehung und Bindung aufzubauen. Das ältere Kind bleibt oft noch lange autonom und misstrauisch. Dies so zu akzeptieren, ist eine große Entlastung für annehmende Eltern und die Kinder.

Leibliche Geschwister in der Pflege- und in der Herkunftsfamilie

Recht oft kommt es vor, dass von mehreren Kindern nur ein oder zwei Kinder fremdplatziert werden, da die Eltern und die sozialen Fachkräfte hoffen, dass die Eltern dann für die verbleibenden ein, zwei oder drei Kinder wieder mehr Kraft haben. Diese Situation ist für die fremdplatzierten Kinder besonders schmerzlich. Sie gehen noch stärker als andere fortgegebene Kinder davon aus, sie seien selbst schuld und es läge an ihnen, dass sie nicht bei den Eltern bleiben konnten.

Häufig gibt es auch die Konstellation, dass Mütter ihre Kinder fremdplatzieren müssen und nach längerer Zeit in einer neuen Partnerschaft ein weiteres Kind bekommen. Die älteren Kinder, die anderswo leben, sind aufgewühlt, wenn ein kleines Kind bei ihrer Mutter bleiben darf. Sie machen sich vielleicht Sorgen um das Baby. Oder sie fragen sich, weshalb sie nicht auch wieder mit der Mutter leben können.

BEISPIEL Die Mutter von Linda und Lena lebt inzwischen wieder mit einem neuen Partner zusammen und hat ein neues Kind: Kiara. Der Mutter geht es besser. Sie hat eine Familienhilfe angenommen. Die Kinder treffen ihre Mutter zusammen mit der einjährigen Kiara und dem neuen Partner der Mutter einmal im Monat. Die Mutter weiß, dass sie es nicht schaffen würde, die beiden Mädchen wieder zu sich zu nehmen, und ist einverstanden mit der Pflegefamilie. Linda sagt: »Wieso kann die Kiara bei der Mama bleiben und wir können nicht wieder bei ihr wohnen?« Lena hingegen meint: »Unsere Mama hat immer geweint und geschlafen und wir hatten kein Essen. Ob sie das auch mit der Kiara macht? Kann die Kiara nicht auch zu uns kommen?«

Die Pflegeeltern von Linda und Lena würden derlei Sorgen am liebsten von den beiden Mädchen fernhalten. Anfangs waren sie auch ärgerlich auf die Mutter, dass sie mit einem neuen Mann ein Kind bekam. Sie konnten sich gut vorstellen, dass bei Linda und Lena viele Fragen und Gefühle aufkommen würden. Auch hier arbeiteten sie zunächst wieder an ihrer inneren Haltung: *Es ist unsere Aufgabe, Linda und Lena zu helfen, mit der besonderen Lage zurechtzukommen. Wir können ihnen die Schwierigkeiten nicht ersparen. Die Sorgen um die Mama und Kiara gehören ab nun zu unserem Leben.* ■

Für Linda und Lena schrieben sie einen Lebensbrief:

BEISPIEL »Liebe Linda, liebe Lena,

nun lebt Ihr schon fünf Jahre bei uns und wir sind zusammen eine Familie geworden. Wir sind glücklich, euch beiden Mäuse bei uns zu haben! Wir bewundern euch auch, wie gut ihr es hinbekommt, zwei Familien zu haben. Ihr hängt auch heute noch ganz doll an eurer Mama. Das ist auch gut so. Und gleichzeitig gehört ihr zu uns: Mami und Papi. Kiara ist eure leibliche Schwester, zugleich hat sie einen anderen Papa als ihr. Da ihr mit ihr nicht jeden Tag zusammenlebt, habt ihr zu ihr nicht so eine enge Vertrautheit wie ihr beide untereinander. Das ist ganz normal und gehört so zu eurem Leben dazu.

Nun war es für euch ja eine besondere Aufregung, dass Mama wieder ein Baby bekam. Ihr hattet viele Fragen: Geht es dem Baby so wie uns? Kann die Mama sich denn genug um

Kiara kümmern? Was geschieht, wenn sie wieder depressiv wird und zu wenig nach Kiara schaut? Oder aber: Wenn die Mama das jetzt so gut mit Kiara packt, können wir dann nicht auch wieder zu ihr zurück?

Wir wollen euch helfen, all diese Fragen zu beantworten. Es hat nichts mit euch zu tun, dass eure Mama es damals nicht geschafft hat, sondern es lag an ihr, an ihren großen Problemen und an ihrer Depression. Eure Mama ist inzwischen älter geworden und es geht ihr besser. Auch war es für sie schwer, dass ihr beide ihr fortgenommen wurdet. Sie will dieselben Fehler bei Kiara nicht wiederholen. Inzwischen nimmt sie Hilfe durch eine Fachkraft an, die regelmäßig nach der Mama und nach Kiara schaut, ob alles gutgeht. Außerdem hat die Mama von Ben, Kiaras Papa, Unterstützung und ist nicht allein, wie damals bei euch beiden.

Es wäre keine Lösung, wenn ihr wieder bei der Mama wohnt: Erstens seid ihr jetzt bei uns zu Hause und ihr hättet bestimmt großes Heimweh nach uns und wir nach euch. Zweitens hat eure Mama vermutlich jetzt die Kraft für Kiara, aber für drei Kinder würde ihre Kraft nicht reichen, und dann würde alles wieder schiefgehen. Wir wünschen eurer Mama von Herzen, dass sie es diesmal schafft!

Obwohl ihr bei uns lebt, bleibt ihr immer die Töchter eurer Mama. Ihr könnt sie anrufen und sie regelmäßig besuchen. Wir wünschen euch, dass ihr eure Lebenslage so annehmen könnt, und wenn ihr darüber sprechen wollt, dann sind wir immer dazu bereit!

Mama und Papa« ■

Durch solche einfühlsamen Situationsbeschreibungen und Stellungnahmen von Pflegeeltern wird Kindern erheblich geholfen, ihre komplizierte Lebenslage zu verstehen und sie immer besser ins weitere Leben einzubauen.

Leibliche und angenommene Kinder in Pflege- und Adoptivfamilien

Leben Pflege- oder Adoptivkinder in Familien mit leiblichen Kindern, so fühlen sie sich oftmals nicht ganz dazugehörig. Dieser Konflikt stellt sich nicht so stark, wenn die leiblichen Kinder schon fast erwachsen sind oder schon aus dem Haus gehen. Sind die leiblichen Kinder hingegen nur wenig älter oder gar jünger, dann ist dies für angenommene Kinder nicht einfach.

Manche annehmenden Eltern beteuern: »Für uns gibt es keinen Unterschied!« Selbst wenn annehmende Eltern ihre angenommenen Kinder mit derselben Leidenschaft lieben wie die leiblichen Kinder: Aus der Sicht der Kinder gibt es dennoch einen Unterschied! Das angenommene Kind hat seine Eltern verloren, wurde von ihnen getrennt. Das leibliche Kind lebt dem angenommenen Kind Tag für Tag vor, wie es ist, die leiblichen Eltern um sich zu haben. Viele angenommene Kinder wünschen sich sehnlichst, sie könnten mit den leiblichen Kindern tauschen. Dann wäre ihre Welt in Ordnung.

Wenn Pflege- oder Adoptivkinder erklären: »Eure eigenen Kinder habt ihr ja viel lieber«, so drücken sie damit zugleich ihr Sich-benachteiligt-Fühlen aus, das sich auf ihre so viel komplizierteren Lebensbedingungen bezieht. Deshalb hilft es den Kindern nicht, wenn die annehmenden Eltern betonen, sie hätten das angenommene Kind ebenso lieb wie das leibliche.

Viele Eltern mit leiblichen und angenommenen Kindern spüren Unterschiede in ihren Gefühlsqualitäten, wollen sich diese aber nicht eingestehen oder haben Schuldgefühle gegenüber dem angenommenen Kind. Das wieder wirkt sich auf die Beziehungen zu den leiblichen und den angenommenen Kindern aus. Die Anstrengungen, für die leiblichen und die angenommenen Kinder dasselbe zu empfinden, führen manchmal sogar dazu, dass Eltern sich ihre tiefen Gefühle zum eigenen Kind nicht mehr gestatten. So sind sie in Gefahr, ihrem eigenen Kind nicht mehr die Eltern zu sein, die es eigentlich braucht.

Familien mit leiblichen und angenommenen Kindern benötigen eine innere Klärung. Die Gefühle gegenüber leiblichen Kindern und angenommenen Kindern dürfen verschieden sein. Und natürlich gibt es auch unterschiedliche Gefühlsqualitäten, je nachdem, ob die Eltern Adoptiv- oder Pflegekinder angenommen haben.

Der Status »Pflegekind« spiegelt sich deutlicher im Lebensalltag: Herkunftseltern und die Institution Jugendamt erinnern daran, dass das Kind nicht wie ein leibliches Kind in der Familie verankert ist. Dies ermöglicht den annehmenden Eltern eher, sich auch unterschiedliche Gefühle zum leiblichen und zum Pflegekind zu gestatten. Ist das Kind adoptiert, dann tragen die annehmenden Eltern mehr Verantwortungen, fühlen sich noch stärker verpflichtet, das Kind unterschiedslos zu lieben. Doch auch hier sind unterschiedliche Gefühle meist vorhanden und auch erlaubt.

Wenn sich also ein angenommenes Kind beschwert und erklärt: »Eure eigenen Kinder habt ihr viel lieber als mich!« oder »Das ist nicht mein Bruder!«, dann ist die angemessene Antwort: »Deine Gefühle kann ich gut verstehen. Du hast es schwerer als unsere leiblichen Kinder. Wir haben jedes Kind auf unterschiedliche Weise lieb: dich als unser angenommenes

Kind, dich als unser leibliches Kind. Zugleich seid ihr alle unsere gefühlsmäßigen Kinder und lebt wie Geschwister zusammen. Ihr braucht euch gar nicht erst zu vergleichen! Jeder von euch ist anders. Niemand von uns kann mit einem anderen tauschen. Und zugleich gehören wir als Familie zusammen. Dies ist die Wirklichkeit.«

Standort des leiblichen Kindes

Bevor ein Pflege- oder Adoptivkind in die Familie kommt, freuen sich leibliche Kinder darauf und tragen den Entschluss mit. Schon in der Anbahnungsphase, wenn das Leben turbulent wird und sich plötzlich alles um das neue Kind dreht, fühlen sich leibliche Kinder aber oft verunsichert oder sogar zurückgesetzt. Sie fragen sich vielleicht: *War ich meinen Eltern nicht genug? Warum kümmern sie sich um ein fremdes Kind? Haben sie mich gar nicht so lieb?*

Häufig sind neue Pflege- und Adoptiveltern zwar darauf vorbereitet, dass sich das angenommene Kind komplizierter verhalten wird als ihr leibliches Kind, doch dies dann im Alltag zu erleben ist noch mal etwas anderes (siehe Kapitel 7 und 8). Nicht nur die Eltern zu teilen, sondern sie mit einem Kind zu teilen, das viel Kraft und Aufmerksamkeit der Eltern beansprucht, bedeutet für das leibliche Kind oft eine Zumutung. Aus dieser dann eine Bereicherung werden zu lassen, das ist nicht immer einfach.

Zwischen Erwachsenen und Kindern, die schon lange zusammengelebt haben, bilden sich unsichtbare Bande, ein selbstverständliches Aufeinandereingehen. Familienregeln und gesellschaftliche Normen sind wie von selbst verinnerlicht. Wenn

Pflegeeltern und leibliches Kind versuchen, solche Bande und solche Familienregeln auch beim angenommenen Kind herzustellen, gelingt das oftmals nicht wie erwartet (siehe Kapitel 4 und 6). Manchmal bringen seelisch verletzte Kinder das Weltbild der Familienkinder gehörig durcheinander: Sie erlauben sich Verhaltensweisen, die dem Familienkind fremd sind.

Hat sich das leibliche Kind im angenommenen Kind einen Spielkameraden oder eine Spielkameradin gewünscht, dann wird es mitunter enttäuscht. Das angenommene Kind hat manchmal völlig andere Interessen, ist vielleicht destruktiv und kann nicht so ausdauernd spielen. Dann verlieren die leiblichen Kinder bald die Geduld. Manche jungen Kinder sagen dann zu ihren Eltern: »Wir geben das Kind am besten wieder zurück!« Ältere Kinder schämen sich in der Schule oder im Freundeskreis für das im Sozialverhalten manchmal schwierige Pflege- oder Adoptivkind.

Manche leiblichen Kinder bilden eine Koalition mit den Eltern und regen sich zusammen mit den Eltern auf über die Schwierigkeiten des angenommenen Kindes. Das leibliche Kind als »Helfer« für die Eltern kann dann nicht angemessen selbstständig werden. Und das angenommene Kind fühlt sich durch die enge Koalition der leiblichen Familie benachteiligt und ausgegrenzt.

Leibliche Kinder mögen nicht, wenn ihre Mutter und ihr Vater wegen des neuen Kindes an ihre Grenzen gelangen. So sehen die Eltern sich nicht nur durch das angenommene Kind mit Konflikten konfrontiert, sondern oftmals auch durch ihre leiblichen Kinder. Annehmende Eltern sind dann zuweilen enttäuscht von ihren leiblichen Kindern, manchmal aber entwickeln sie auch Schuldgefühle, was sie ihren Kindern nun an Stress in der Familie zumuten. Oft dauert es Jahre, bis eine annehmende Familie lernt, die verschiedenen Bahnen, in denen sich das leibliche und das angenommene Kind bewegen, so zu gestalten, dass es für alle erträglich wird.

Das leibliche Kind braucht Klarheit von seinen Eltern, wie es sich in der neuen Familienkonstellation verorten kann: »Du bist und bleibst unser Kind. Wir haben mit Wolfgang [angenommenes Kind] eine große Verantwortung übernommen. Wir muten dir ganz schön viel zu. Wir sind durch ihn sehr in Atem gehalten und wollen aufpassen, dass du nicht zu kurz kommst. Wenn du dich ärgerst über Wolfgang, so können wir das nachvollziehen. Er ist ganz anders als du und hat vieles als kleines Kind nicht so gelernt wie du. Du kannst schauen, wo es Berührungspunkte gibt und wo nicht. Du darfst auch deine eigenen Wege gehen, so wie früher. Und du darfst dich abgrenzen und in dein Zimmer zurückziehen. Du musst uns nicht helfen, Wolfgang zu erziehen. Das schaffen wir allein.«

Alltagsregeln im Zusammenleben mit angenommenen und leiblichen Kindern:

- Unterschiedliche Gefühle der annehmenden Eltern gegenüber leiblichen Kindern und Pflegekindern dürfen sein.
- Streit unter den Kindern ist erlaubt. Die Botschaft der Eltern an die Kinder sollte lauten: »Versucht, eure Konflikte alleine auszutragen. Nur im Notfall kommen wir helfen.«
- Gemeinsamkeiten unter den sozialen Geschwistern genießen, aber nicht zur Verpflichtung werden lassen.
- Annehmende Eltern dürfen das Zusammensein mit dem leiblichen Kind weiterhin genießen.
- Keine Verantwortung für das angenommene Kind auf das leibliche Kind übertragen.

- Annehmende Eltern sollten sich das Vergleichen der Kinder abgewöhnen!
- Begabungen, Interessen, Fähigkeiten eines jeden Kindes spezifisch fördern, verschiedene Gruppen und Vereine.
- Das Sichabgrenzen der Kinder untereinander ohne schlechtes Gewissen ist erlaubt.
- Leibliche und angenommene Kinder sollten immer wieder neu ermutigt werden, dass sie gemäß ihrer Geschichte einzigartige und wertvolle Menschen sind.

Besuchskontakte zu Geschwistern in anderen Familien

Haben Geschwister in früheren Jahren zusammengelebt und wurden bei der Fremdplatzierung getrennt, dann sollten sie in Familien vermittelt werden, die nicht zu weit voneinander entfernt wohnen und die bereit sind, zueinander Kontakte zu pflegen. Im Grunde sollten die Familien schon vor der Aufnahme der Kinder miteinander bekannt gemacht werden. Sie können schauen, ob sie einander sympathisch sind und ob sie ähnliche Auffassungen haben über den Stellenwert der Geschwisterkontakte.

Ich kenne viele Familien, die die Kontakte unter den Geschwisterkindern fördern und pflegen und sich auch mit den anderen Adoptiv- oder Pflegeeltern angefreundet haben. Die Kinder entwickeln dann oftmals ein besonders inniges Vertrauensverhältnis zu ihren neuen sozialen Eltern, und die Geschwistertreffen sind schöne biografische Ereignisse für alle.

Andere annehmende Eltern nehmen sich anfangs fest vor, die Kontakte zu den Geschwistern zu fördern, doch sie geben dieses Vorhaben nach den ersten Zusammentreffen auf. Begründung:

Vor und nach dem Zusammentreffen sind die Kinder aufgewühlt, weinen womöglich, schlafen schlecht oder nässen wieder ein – Symptome, die man schon überwunden glaubte.

Wie bei den Kontakten zu Herkunftseltern sollte nun eigentlich geprüft werden, wo im Gefüge zwischen den beiden Familien und zwischen den Kindern die Ursache für das Leid der Kinder liegt. Nur in seltenen Fällen werden durch die Kontakte zu Geschwistern alte belastende Situationen wieder erinnert. Ist dies dennoch der Fall, so muss tatsächlich geprüft werden, ob das Kind von Erlebnissen der Vergangenheit erneut »überschwemmt« wird und ob die Kontakte besser unterbrochen werden sollten.

Grundsätzlich ist es angemessen, dass Kinder nach dem Wiedersehen ihrer Geschwister trauern. Die Vergangenheit und die damit verbundenen Verluste werden wieder belebt. Annehmende Eltern und Kind können jedoch gemeinsam trauern. Dies baut »Verhaltensauffälligkeiten« viel schneller ab, als wenn annehmende Eltern glauben, das In-Berührung-Kommen mit der Vergangenheit müsste ohne große Emotionen verlaufen.

In der Regel fördern Kontakte zu Geschwistern, die früher zusammengelebt haben, das Vertrauensverhältnis zu den neuen Eltern. Das Kind fühlt sich von diesen in seiner Lebenswirklichkeit geachtet und kann besser im neuen Leben »ankommen«.

Manche Pflegeeltern erleben die Kontakte als belastend, weil sie sich mit der anderen aufnehmenden Familie nicht gut verstehen. Auch sie stellen die Kontakte dann nach einer Weile ein.

Wieder andere Pflege- oder Adoptiveltern können nur schwer ertragen, dass das Kind neben ihnen noch andere existenzielle

Bindungen hat, und hoffen, das Kind würde sich besser auf sie einlassen, wenn es die vertrauten Geschwister nicht mehr sieht. Aber Bindungen lassen sich nicht durch äußere Bedingungen erzwingen. Im Gegenteil: Der Zugang zu den Kindern wird umso besser, je stärker die neuen Bezugspersonen bisherige Bindungspersonen – und hierzu zählen eben auch die Geschwister – in ihr aktuelles Leben einbeziehen.

Hin und wieder erleben die annehmenden Eltern, dass die Kinder bei den Kontakten nicht so viel »miteinander anfangen können«, und glauben deshalb, die Treffen seien nicht mehr wichtig. Dies kann eine Täuschung sein: Kinder sind oft gehemmt oder fremd miteinander, wenn sie sich schon länger nicht gesehen haben. Dennoch ist das Treffen ein wertvolles biografisches Ereignis, das Vergangenheit und Gegenwart tief im Kind miteinander verbindet, auch wenn es dies nicht gleich zeigen kann. Wenn Kinder nur schwer aufeinander zugehen können, dann sind unverbindliche Rahmenbedingungen zu empfehlen, zum Beispiel ein Grillfest, ein Zoobesuch. Die Kontakte dienen dann nicht immer einem intensiven Austausch, sondern der Erfahrung von Kontinuität.

TIPP **Die gemeinsamen Treffen sollten durch Fotos dokumentiert werden.**

Wenn Geschwister sich erstmalig treffen

Viele Adoptiv- oder Pflegekinder geraten in Euphorie, wenn sie erfahren, dass sie noch Geschwister haben, die ebenfalls getrennt von den leiblichen Eltern aufgewachsen sind. Zu wissen, dass es andere Kinder derselben Eltern oder derselben Mutter, desselben Vaters gibt, die meist sogar ein ähnliches Schicksal haben, ist für die betroffenen Kinder entlastend und spannend. Es bedeutet, sich weniger allein auf der Welt zu fühlen, Schicksalsgenossinnen und -genossen zu haben und vielleicht erstmals im Leben Menschen zu finden, mit denen man verwandt ist, die einem konstitutionell ähnlich sind. Das Kennenlernen von Geschwistern ermöglicht den jungen Menschen, Identitätsfragen zu klären.

Zugleich verläuft das Zusammentreffen von Geschwistern, die sich bisher nicht kannten, nicht immer problemlos. Je jünger die Kinder, desto besser sollten sie vorbereitet werden.

BEISPIEL Die Adoptivmutter der achtjährigen Zoe setzte sich für ein Zusammentreffen mit deren zwölfjährigen Schwester Celine ein, die in einer anderen Adoptivfamilie aufgewachsen ist. Zoe hat auch eine Adoptivschwester in ihrer Familie. Als sie Celine zum ersten Mal begegnete, lief sie weinend auf ihre Adoptivmutter zu und erklärte: »Das ist nicht meine Schwester.« ■

Normalerweise teilen Geschwister dieselben Eltern, dieselbe Wohnung, verbringen viele Stunden des Tages zusammen. Dies fördert ihre spezifische Vertrautheit. Diese Vertrautheit ist mit den Begriffen »Schwester« bzw. »Bruder« auch bei Pflege- oder Adoptivgeschwistern verbunden.

Die Geschwister in verschiedenen Pflegefamilien oder Kinderheimen verbindet kein Alltag. Es fehlen die emotionale Vertrautheit, der »hohe Zugang« zueinander, das Zusammenleben mit denselben Eltern. Deshalb sollten Begleitpersonen nicht erwarten, dass die Kinder gleich viel miteinander »anfangen« können.

BEISPIEL Zoe war verwirrt, weil ihr die leibliche Schwester fremd war. Die Adoptivmutter erklärte Zoe: »Celine ist genau wie du im Bauch deiner Mama Gisela gewachsen. Natürlich kennst du sie noch nicht und ihr seid einander fremd. Das ist ganz normal. Auch habt ihr zwei verschiedene Väter. Trotzdem sehe ich Ähnlichkeiten bei euch beiden. Vergleicht mal eure Hände und eure Haare. Ihr kennt euch überhaupt nicht und habt doch Ähnlichkeiten!« ■

Auch Fachkräfte können erste Kontakte unter Geschwistern vorbereiten und sie für die zunächst miteinander »fremden« Geschwister definieren: »Ihr habt gemeinsame Eltern und seht euch ähnlich, zugleich habt ihr keine gemeinsame Geschichte, habt nie zusammengelebt. Ihr kennt euch überhaupt nicht. Ihr könnt herausfinden, ob ihr Freundschaft knüpfen wollt. Zunächst habt ihr keine Verantwortung füreinander und jeder kehrt nach dem Treffen in sein Leben und in seine Familie zurück. Das unterscheidet euch von anderen Geschwistern.«

Wenn es Geschwister in der Adoptivfamilie gibt, kann auch dieser Unterschied herausgearbeitet werden, indem zum Beispiel gesagt wird: »Zu deinem Bruder René [in der Adoptivfamilie] hast du Gefühle wie zu einem Bruder, obwohl ihr nicht körperlich verwandt seid und euch auch nicht ähnlich seht. Ihr seid Geschwister geworden, weil ihr in einer Familie zusammenlebt. Deinen leiblichen Bruder Klaus hingegen kennst du noch nicht so gut, weil ihr nie zusammengelebt habt. Vielleicht könnt ihr euch langsam anfreunden.«

*»Ich habe, seit ich denken kann, immer ein Geschehen hinter den Fassaden vermutet. Die Faszination der Rätsel. Der Zwang, aus allem eine doppelte Bedeutung zu lesen, war überall.« (**Bongartz 2007, S. 192**)*

Die Jugend ist für die meisten jungen Menschen eine anstrengende Phase. Bei den einen beginnen die seelischen Umbrüche früh, bei anderen erst in den späteren Jugend- oder in den Erwachsenenjahren. Mädchen kommen früher in die Pubertät als Jungen. Die Weiterentwicklung der Sexualität, hormonelle Veränderungen und Veränderung der Körperproportionen gehen einher mit starken inneren Turbulenzen, mit Spannungen und Stimmungsschwankungen.

Viele Heranwachsende entdecken auf neue Weise, dass ihre Eltern in Teilen nicht dem entsprechen, was sie sich von ihnen wünschen. Das Trennende zwischen Eltern und Kind rückt in den Mittelpunkt des Erlebens. Es gibt unterschiedliche Möglichkeiten, mit dieser Erkenntnis umzugehen: Opposition, Aggression und Vorwürfe. Manche neigen dazu, sich zu entfernen, abzulösen, zu verabschieden und selbstständig zu werden. Später kommt es gleichwohl häufig wieder zu neuen Annäherungsprozessen.

Viele Jugendliche wollen sich nichts mehr »sagen lassen«. Ein Kinderleben lang haben sie erfahren, dass die Eltern vieles besser wissen und viel Macht über sie haben. Damit soll nun Schluss sein. Gegen Fremdbestimmung und Kontrolle sind sie allergisch. Sie wollen eine Beziehungsebene von Mensch zu Mensch und nicht mehr von Eltern zum Kind. Manchmal leben sie demonstrativ andere Werte, Haltungen und Meinungen. Und dennoch sind sie stark auf die Anerkennung und Wertschätzung ihrer Eltern angewiesen.

Zugleich wollen junge Menschen in diesen Jahren herausfinden, wer sie denn selbst sind und welchen Platz sie in der Gesellschaft einnehmen. Viele junge Menschen wollen mit ihrem Körper und ihrem Aussehen den Standards und Trends der Gleichaltrigen entsprechen. Wenn das Selbstbild mit den Anforderungen von außen nicht übereinstimmt, kommt es zu Minderwertigkeitsgefühlen, Selbstablehnung und vielen schweren Selbstwertkrisen.

In dieser Lebensphase soll auch eine berufliche Zukunft gefunden werden. Der Schulabschluss, die Berufsausbildung verursachen ebenfalls Stress. Kein Wunder also, wenn Heranwachsende reizbar, aggressiv und mit starken Stimmungsschwankungen reagieren.

Jugendzeit von Pflege- und Adoptivkindern

Kinder, die mit ihren leiblichen Eltern leben, haben zwei Fundamente: die biologische Zugehörigkeit und die schon lebenslang währende soziale Bindung. Wenn in den Jugendjahren an dem Beziehungsband heftig gezerrt wird, so gibt es immer noch die biologische Verbundenheit und damit auch das Gefühl, den eigenen Eltern nie ganz »entkommen« zu können. Pflege- und Adoptivkinder haben ausschließlich die soziale Zusammengehörigkeit. Dieses eine Fundament wird durch die Fremdwerdung, die mit der Pubertät zwischen allen Kindern und Eltern einsetzt, stark belastet. Von Eltern wie auch von den Kindern wird ein Pflege- und Adoptivverhältnis hin und wieder als leichter aufhebbar wahrgenommen als ein auf biologische Zusammengehörigkeit begründetes Eltern-Kind-Verhältnis.

Fremdplatzierte junge Menschen, ob adoptiert, in Pflege oder im Heim, haben in den Jugendjahren erhebliche Zusatzkonflikte. Der sichere Boden, der schon früh gefehlt hat, kommt nun noch einmal heftig ins Schwanken. Die Kränkung, von der leiblichen Familie fortgegeben worden zu sein, Identitäts- und Loyalitätskonflikte werden erneut aktuell. Pflege- und Adoptivkinder kämpfen manchmal an zwei Fronten um Ablösung: von ihren sozialen Eltern und von ihren leiblichen Eltern.

Die Sehnsucht, sich mit den leiblichen Eltern wieder zu vereinigen und damit »Normalität« ins eigene Leben zu bringen, bricht bei einigen Jugendlichen vehement auf. Annehmende Eltern entwickeln in diesen Jahren manchmal Ängste, das Kind an die leiblichen Eltern zu »verlieren«. Aber selbst ein zeitweises Übersiedeln in die Herkunftsfamilie bedeutet ja überhaupt nicht, dass der junge Mensch seine emotionale Familie damit austauschen muss, selbst wenn er dies androht. Manchmal handelt es sich um eine Variante des Autonomiestrebens und der »vorsorglichen Kündigung«, weil das Kind befürchtet, von seinen seelisch-sozialen Eltern nicht mehr genug geachtet zu werden.

Es ist wichtig, dass die sozialen Eltern dem jungen Menschen zusichern, dass sie bleiben, was sie bisher waren: die gefühlsmäßigen Eltern, und dass ihre Tür offen bleibt, auch wenn der junge Mensch zu seiner leiblichen Familie aufbricht.

Manche jungen Menschen gehen mit großer Hoffnung auf ihre Herkunftseltern zu, versuchen mit diesen ein »neues Leben« aufzubauen, werden dann aber oft enttäuscht. Viele leibliche Eltern sind nach wie vor die Menschen, die ihren Kindern nicht geben können, was diese brauchen. Und der Riss, der zwischen leiblichen Eltern und Kind durch das getrennte Leben entstanden ist, lässt sich nicht einfach kitten.

Bei anderen jungen Menschen (meist Pflegekindern) wird der Wunsch übermächtig, keine zwei Familien mehr zu haben. Einige brechen ihre Beziehung zu den Herkunftseltern, zu denen sie jahrelang Umgang hatten, im Jugendalter ganz ab. Sie wollen dem langjährigen Schmerz entkommen, von ihren leiblichen Eltern immer noch abhängig und dadurch kränkbar zu sein. Schließlich haben sie ja eine Familie, in die sie inzwischen gehören.

Andere wagen es nicht, sich von ihren annehmenden Eltern abzulösen, und bleiben ihnen in Dankbarkeit loyal. Gerade Adoptierte befinden sich auch heute oft noch in einer besonders engen, von Dankbarkeit geprägten Abhängigkeit von ihren sozialen Eltern. Einige bleiben über die Ablösungsphase hinaus materiell weiter von ihnen abhängig. Manche adoptierten Heranwachsenden mit anderer ethnischer Herkunft, die in diesem Land ausgegrenzt wurden, suchen weiter den Schutzraum in ihrer Adoptivfamilie. Und manche befürchten sogar: Würden sie ein eigenes Leben aufbauen, dann wären ihre Adoptiveltern wieder kinderlos.

Neue Identitätsfragen

Für welches Lebenskonzept entscheide ich mich? Für das meiner leiblichen Eltern oder für das meiner Adoptiv- oder Pflegeeltern? Und habe ich überhaupt eine Entscheidungsfreiheit oder bin ich verurteilt, so zu werden wie meine leibliche Mutter oder mein leiblicher Vater? Das sind typische Identitätsfragen, die sich Jugendliche noch einmal ganz neu stellen.

Viele Adoptiv- und Pflegekinder teilen sich als Jugendliche auf in das »gute Kind« der annehmenden Familie und das

»schlechte Kind« der Herkunftsfamilie. Manchmal kämpfen die verschiedenen Identitäten im jungen Menschen: Der Anteil, der die Werte und das Leben der sozialen Eltern repräsentiert, möchte manchmal den Anteil, der die leiblichen Eltern repräsentiert, auslöschen. Und manchmal ist es umgekehrt: Der Anteil, der den leiblichen Eltern treu bleiben will, spricht der Zuneigung zu den Adoptiv- oder Pflegeeltern die Berechtigung ab.

Manche jungen Menschen suchen zielstrebig Kontakt zu jenen Gleichaltrigen, die eher die Welt der Herkunftseltern repräsentieren. Sie gehen unbewusst, mitunter auch explizit davon aus, dass sie keine andere Wahl haben, als das Leben ihrer Mütter oder Väter zu wiederholen. Sie fühlen sich ihren leiblichen Eltern besonders nah, wenn sie in ihre vermeintlichen Fußstapfen treten. Andere befürchten, belastende Charaktereigenschaften oder psychische Instabilität ihrer Eltern »geerbt« zu haben.

BEISPIEL Hanna, 16 Jahre, kam mit vier Monaten in die Pflegefamilie. Sie ist das Kind einer psychisch erkrankten Mutter, die in einer Wohngemeinschaft betreut wird. Ihr Vater ist unbekannt. Anfangs gab es alle sechs Wochen, später viermal im Jahr Kontakte zur Mutter. Als Hanna kleiner war, ging man zusammen auf einen Spielplatz oder in den Zoo. Hanna konnte einsehen, dass ihre Mama Marie nicht für ein Kind da sein konnte, da sie wie ein großes Kind war, das nicht genügend auf sich selbst aufpassen konnte und selbst Hilfe brauchte. Die Mutter war dick und durch die Psychopharmaka aufgequollen, was das Kind irritierte.

In den letzten drei Jahren wollte Hanna ihre Mutter nicht mehr gern treffen. Sie schämte sich, wenn Kinder aus der Schule sie zusammen mit ihrer Mutter Marie sahen. Einmal kniete sie sich vor die Adoptivmutter und sagte: »Wenn ich nur aus deinem

Bauch wäre! Ich will die Marie nicht als Mutter haben!« Die Pflegemutter antwortete: »Aber sie hat dir doch dein Leben geschenkt und ich mag dich so, wie du von ihr geschaffen worden bist!« Hanna hielt sich die Ohren zu.

Hannas Hauptkummer ist nicht, von der Mutter getrennt zu leben. Damit ist sie einverstanden. Hanna trägt ein großes Nein gegenüber ihrer Mutter in sich und damit verbunden auch ein teilweises Nein zu sich selbst. Und sie stellt sich die bangen Fragen: *Gleiche ich meiner Mutter? Werde ich als Erwachsene so wie sie? Könnte ich auch psychisch krank werden? Woran merke ich das?*

Die eigene Mutter nicht zu mögen, das kann nicht ohne Spuren in der Persönlichkeit eines Menschen bleiben. Die Pflegemutter möchte deshalb ein inneres Ja Hannas zu ihrer Mutter erwirken. Doch ein solches Ja kann nicht erzwungen werden. Die zitierte Reaktion der Pflegemutter enthält hilfreiche Elemente, zum Beispiel die Botschaft: So wie du durch deine Mutter geworden bist, mögen wir dich. Gleichzeitig ist im Augenblick diese Zusicherung kein wirklicher Trost für Hanna. Sie könnte den Eindruck haben, ihr Grundgefühl, Marie nicht als Mutter haben zu wollen, wird ihr »ausgeredet« und sei unberechtigt.

Die Pflegeeltern benötigen zunächst eine innere Klärung für sich. Ihr innerer Standort könnte so in Worte gefasst werden: *Wir als Erwachsene haben zwei Gefühle. Das erste Gefühl lautet: Wir achten deine Mutter Marie als die Frau, die dir dein Leben gegeben hat. Das zweite Gefühl: Wir verstehen, dass du so, wie deine Mutter heute meistens ist, nicht werden möchtest.* ■

Nicht nur die jungen Menschen haben Zukunftsängste, sondern auch viele annehmende Eltern. Auch sie befürchten mitunter, bestimmte Anlagen der leiblichen Eltern könnten sich »durchsetzen«, wenn ihre Kinder älter werden. In der Tat sind genetische Dispositionen eine Realität, mit denen sich alle annehmenden Eltern auseinandersetzen sollten. Die körperliche Konstitution oder Begabungen wie Musikalität oder künstlerische Fähigkeiten werden nicht zuletzt als Anlagen weitergegeben. Auch Temperamentsfaktoren, stilles, zurückgezogenes oder offenes, extrovertiertes, lebhaftes Verhalten haben erbliche Komponenten. Hier den richtigen Mittelweg zu finden heißt: den Genen nicht zu viel und auch nicht zu wenig Bedeutung beizumessen, den Realitäten ins Auge zu schauen, ohne durch allzu eng gefasste Erwartungshaltung und Fantasien beim Kind etwa eine sich selbst erfüllende Prophezeiung zu erzeugen – das ist nicht einfach.

Ich empfehle allen annehmenden Eltern, sich innerlich auf das vorzubereiten, was kommen könnte, und sich darüber klar zu werden, wie sie notfalls mit der schweren Lebenslage umgehen würden. Annehmende Eltern sollten sich eingestehen, was ihnen am meisten Angst macht, und dann ein inneres Konzept »für alle Fälle« entwickeln: *Wie kann ich das, wovor ich am meisten Angst habe, so als Möglichkeit in mein Leben einbauen, dass ich die Angst verliere? Was will ich tun, wenn mein Kind, das von drogenabhängigen Eltern kommt, selbst Drogen konsumiert? Oder wenn das Kind eines Vaters im Gefängnis auch Straftaten begeht?*

BEISPIEL Auf Hannas Angst, sie könnte die Krankheit von ihrer Mutter geerbt haben, können ihre annehmenden Eltern angemessen eingehen, wenn sie selbst keine Angst mehr vor dieser Situation haben. Das Notfallprogramm für Hannas Pflegeeltern heißt: *Wir wollen das, was auf uns zukommt, falls es auf uns zukommt, anpacken und es annehmen, wie es ist.*

Hanna braucht sehr viele Informationen über die genaue Diagnose der Krankheit ihrer Mutter. Sie braucht sowohl Informationen über die Wahrscheinlichkeit der Vererbung als auch über die Wahrscheinlichkeit, nicht zu erkranken. Hannas Pflegeeltern haben zusammen mit Hanna mit einer einfühlsamen Psychiaterin gesprochen, die ihr alles genau erklärt hat. ■

Für annehmende Eltern, deren Kind von psychisch erkrankten Eltern stammt, bedeutet dies, sich den Ernstfall auszumalen und sich zugleich bewusst zu werden: Nicht »normal« zu sein braucht kein Horror zu sein, wenn soziale und materielle Hilfen und eine akzeptierende Umwelt bereitstehen. Zudem gibt es heute differenzierte Medikation und andere therapeutische Unterstützungen. Psychisch erkrankte Menschen können ein lebenswertes Leben mit vielen positiven Erfahrungen führen (MATTEJAT/LISOFSKI 2011).

Hannas Pflegeeltern haben folgenden Lebensbrief geschrieben:

BEISPIEL »Liebe Hanna,

wir, Mama und Papa, wissen, dass du dir Sorgen machst, du könntest später ›psychisch krank‹ werden wie deine Mutter Marie. Wir beide, Papa und Mama, haben für uns erkannt: Selbst wenn das eintreten würde, dann hätten wir dich genauso lieb, und wir würden dafür sorgen, dass du Hilfe bekommst, mit deiner Krankheit ein bestmögliches Leben zu führen. Auch deiner Mutter Marie geht es in ihrer Wohngemeinschaft nicht schlecht.

Dennoch verstehen wir deine Angst. Niemand kann solche Ängste einfach abschaffen. Alles, was dir in Bezug auf Marie Angst macht, kannst du mit uns besprechen. Und wir werden versuchen, Antworten auf deine Fragen zu finden, oder nochmals zu Frau Dr. Kleist-Schmitt gehen.

Gleichzeitig richten wir dir eine Kiste ein. Das ist die Glückskiste. In der sammeln wir, was dich froh und glücklich macht.

Kein Mädchen ist wie seine Mutter. Du bist eine neue Mischung aus Vater und Mutter. Wir denken, dass deine Mutter Marie viele gute Anlagen in sich trägt. Sonst wärst du nicht ein so feiner Mensch geworden. Leider wissen wir nicht, was du von Vaterseite für Anlagen in dir trägst. Bestimmt ist viel Gutes dabei! So oder so bist du ein neuer, einmaliger Mensch.

Unser lieber Schatz. Wir sind für dich da und unterstützen dich, wann immer du uns brauchst.

Deine Mama und dein Papa« ■

Menschen, die auf eine mögliche schwere Krise oder auf eine psychische Erkrankung ihres Kindes als Eventualität vorbereitet sind, behalten die Kontrolle über ihr Leben und bleiben meist handlungsfähig. Dazu gehört für die annehmenden Eltern möglicherweise auch, Abschied zu nehmen von der Messlatte »Normalität und Gesundheit« und sich bei der Zielvorstellung, was ein lebenswertes Leben ist, nicht ausschließlich an den Normen unserer Erfolgs- und Leistungsgesellschaft zu orientieren, sondern daran, ob es für den jungen Menschen eine glückliche Lebenszeit gibt.

Viele junge Menschen mit frühen seelischen Verletzungen erliegen in den Jugendjahren den vielfältigen Verführungen von neuen und ungewöhnlichen Situationen. Intensiver als andere Jugendliche werden sie in dieser Zeit zu »Grenzgängern« und stellen nicht nur sich, sondern auch ihre Eltern auf die Probe. Die Risikobereitschaft nimmt zu. Wegen ihrer mangelnden Fähigkeit der Selbst- und Impulskontrolle kommen viele von ihnen schnell in soziale Situationen, bei denen sie spontan und impulsiv handeln (siehe Kapitel 7).

Zusammen mit Gleichaltrigen oder in Cliquen kommt es schnell zu kleinen Diebstählen, zum Schwarzfahren, zu Fälschungen, zu Experimenten mit Drogen und Alkohol, bei Jungen auch zur Faszination von Waffen. Mädchen können im sexuellen Bereich mitunter keine Schutzgrenze für sich ziehen und lassen sich ausbeuten. Sie gehen dabei manchmal bewusst oder unbewusst davon aus, dass sie wenig wert seien, weil sie einst fortgegeben wurden, und dass sie keinen Anspruch auf seelische und körperliche Unversehrtheit hätten.

Das bedeutet aber nicht, dass diese Mädchen und Jungen auf dem aktuell eingeschlagenen negativen Weg bleiben!

Jugendliche Pflege- und Adoptivkinder benötigen eine besondere Mischung: Es beruhigt sie sehr, wenn ihre Eltern einfach da sind und wenn die Möglichkeit besteht, mit ihnen in Kontakt zu treten. Sie wollen weiterhin gehalten und geachtet werden, auch wenn sie ihrerseits die annehmenden Eltern attackieren oder unhöflich behandeln. Sie brauchen elterliche Bezugspersonen, die sich nicht kränken und beleidigen lassen, und sie brauchen deren innere Erlaubnis, dass sie ins »Schleudern« geraten dürfen.

Werden sie von ihren annehmenden Eltern für ihr »abweichendes« Verhalten zu scharf kritisiert, dann erleben sie dies als eine neue Bedrohung, wieder fortgegeben zu werden.

Neue Zweifel am Stellenwert der seelisch-sozialen Elternschaft …

In dieser aufregenden Zeit stellen sich bei annehmenden Eltern und jungen Menschen oftmals erneute Zweifel an dem Wert der sozialen Elternschaft ein. Die Jugendlichen und jungen Erwachsenen fragen sich: *Wie viel Bindung wird es noch geben, wenn ich einmal woanders wohne?* Wie viel haben wir dann noch miteinander zu tun?

Leibliche Kinder, die bei ihren biologischen Eltern aufgewachsen sind, bleiben Söhne oder Töchter ihrer Eltern, auch wenn sie den Kontakt zueinander über Jahre unterbrechen. Ist die seelisch-soziale Beziehung das einzige Fundament, dann wissen manche jungen Menschen nicht, wie die Beziehung zu ihren sozialen Eltern aussehen wird, wenn sie nicht mehr zusammenleben. Und sie können auch nicht immer unterscheiden: Ist das Verselbstständigen, das eigenständige Leben, ein normaler Prozess des Erwachsenwerdens oder aber ist es nicht doch ein Rauswurf, ein erneutes Fortgegebenwerden durch die annehmenden Eltern?

… in Pflegefamilien

Ein junger Mann (Pflegekind) beschrieb es einmal so: »Meine Pflegeeltern sind quasi meine Aufzuchtstation: So wie sonst Jungtiere hochgepäppelt und dann ausgewildert werden, so machen die das mit mir. Manche Tiere bleiben auch, werden zahm und gehen nicht mehr in die Freiheit.«

Dieser Vergleich zeigt, dass sich dieser junge Erwachsene unsicher ist, ob die Beziehung zu seinen Pflegeeltern mit dem Auszug aus der Wohnung nicht enden wird.

Die Verbindung zu den sozialen Eltern über eine gewisse Entfernung aufrechtzuerhalten, was für andere Kinder und Eltern naheliegend ist, ist für viele Kinder in Pflegefamilien nicht selbstverständlich, gerade dann, wenn in der Pubertät Spannungen auftraten. Die Definition der Beziehung (Erwartungen an die Beziehung) entwickelt sich im Laufe der gemeinsam gelebten Jahre. Die jungen Menschen brauchen immer wieder klare Botschaften und Orientierung, wie die Beziehung aussehen wird, wenn die offizielle »Hilfe zur Erziehung« einmal beendet sein wird (siehe Kapitel 6).

... in Adoptivfamilien

Für Adoptiveltern ist es in der Regel keine Frage, ob sie Eltern bleiben. Durch ihre rechtliche Elternschaft haben sie ein weiteres Fundament neben der sozialen Elternschaft. Hin und wieder haben jedoch auch sie Zweifel, gerade dann, wenn die jungen Menschen sie vor besondere Herausforderungen stellen und die Jugendzeit konfliktreich verläuft. Wenn die annehmenden Eltern nicht schon in den jüngeren Jahren ihres Kindes für sich einen inneren Standort erarbeitet haben, der ihnen hilft, nicht immer wieder neu zu verzweifeln und verletzt zu sein, dann wird es jetzt höchste Zeit (siehe Kapitel 6).

BEISPIEL Der 24-jährige Robin, als Einjähriger adoptiert, Student in einer eigenen kleinen Wohnung, beging immer wieder

Diebstähle, wurde von der Polizei gefasst, stand vor Gericht. Vermutlich gab es mehrere Ursachen für diese Auffälligkeiten: Robin ist ein früh seelisch verletztes Kind, dessen Impulskontrolle situativ herabgesetzt ist. Vielleicht glaubt er zudem, er müsse das Lebenskonzept seines leiblichen Vaters wiederholen, von dem er weiß, dass dieser inhaftiert war. Und möglicherweise probiert er mit diesem Lebensprogramm aus, ob seine annehmenden Eltern ihn »verstoßen« werden.

Die Adoptiveltern überlegten lange voller Verzweiflung, ob sie ihre Elternschaft für beendet erklären. Nach eingehender Beratung haben sie sich jedoch entschieden, für immer Eltern ihres Sohnes zu bleiben: Ihnen wurde klar, dass es für sie keine Lösung wäre, Robin aus ihrem Leben zu streichen, und dass sie dem Schmerz auf diese Weise nicht wirklich entkommen würden. Sie erarbeiteten, dass die Sorge, Robin könnte sich wieder in Schwierigkeiten bringen, für die nächsten Jahre zu ihrem Leben dazugehören würde. Und sie arbeiteten daran, diese Tatsache innerlich anzunehmen. Sie konnten Robin aufrichtig sagen:

»Du bleibst unser Sohn, egal, was geschieht und in welche Schwierigkeit du dich auch immer bringen wirst. Solange es geht, werden wir deine Geldstrafen vorstrecken oder tilgen helfen, damit du nicht ins Gefängnis musst. Und wenn nötig, besuchen wir dich im Gefängnis. Du bleibst unser Sohn, egal, wie alt du sein wirst und wo auch immer auf der Welt du wohnen wirst: Wir bleiben deine Eltern, solange wir leben.«

Robin wurde von diesem Tag an nicht mehr straffällig. ■

Wenn Heranwachsende merken, dass ihre annehmenden Eltern hinter ihnen stehen, auch wenn sie konträre Lebensentwürfe leben und keinen »geraden Weg« ins Leben finden, dann fühlen sie sich im besten Fall frei und gestärkt, sich für einen konstruktiven Lebensweg zu entscheiden.

Suche und Wiederfinden der leiblichen Eltern

»Ich bin immer noch ganz durcheinander, seit ich beschlossen habe, nach dir zu suchen. Ist das wirklich richtig, was ich mache? Oder sollte ich nicht lieber alles so lassen, wie es jetzt ist, mit unseren beiden voneinander getrennten Leben?« (DEAN 1995, S. 38)

Manche Adoptiv- oder Pflegeeltern gehen davon aus, es sei die alleinige Angelegenheit des jungen Menschen, den Kontakt zu seinen Angehörigen mithilfe der unterstützenden Begleitung der zuständigen Fachkräfte im Jugendamt einzuleiten und zu realisieren. Doch Kinder und Jugendliche benötigen annehmende Eltern, die sie in diesem Prozess unterstützen, Eltern, die eine offene Haltung haben, die sich in ihrer sozialen Elternschaft sicher und »zu Hause« fühlen. Wichtig ist, dass sie trennen können zwischen ihren eigenen Gefühlen und den Gefühlen der Kinder. Die psychischen Prozesse, die junge Menschen vor, während und nach ihrer Begegnung durchleben, sind bewegend und anstrengend. Auch für die annehmenden Eltern sind die Prozesse aufregend.

Annehmende Eltern dürfen auch nicht glauben, wenn sie sich gerade mit ihren Kindern oder Jugendlichen in Krisen befinden, ein Kennenlernen der leiblichen Eltern wäre ein Weg aus der Krise und die jungen Menschen hätten dann alsbald wieder festeren Boden unter ihren Füßen. Mit der Suche nach den leiblichen Eltern sind Ängste und viele aufwühlende Prozesse verbunden. Es wird auch der alte Schmerz, von den Eltern hergegeben worden zu sein, neu aktiviert. Die Eigenarten und Konflikte der Eltern, die zur Adoption und Trennung der Wege geführt haben, können wieder spürbar werden.

Auch fühlen sich Jugendliche und junge Erwachsene, die mit dem Gedanken spielen, ihre Eltern zu suchen, oftmals ihren sozialen Eltern gegenüber illoyal.

BEISPIEL Einen 14-jährigen adoptierten Jungen fragte ich einmal: »Ich kenne viele Mädchen und Jungen in deinem Alter, die würden ihre leiblichen Eltern gern kennenlernen. Wie ist das bei dir?« Der Junge antwortete: »Ich will meine Adoptivfamilie noch nicht verlassen.« Dieser Junge ging davon aus, dass er im Falle der Suche und des Wiederfindens seine Adoptiveltern gegen die leiblichen Eltern eintauschen würde. Möglicherweise war er voller Wunschträume und Illusionen, er könne mit seinen leiblichen Eltern ein anderes, schöneres Eltern-Kind-Verhältnis leben als mit seinen annehmenden Eltern.

Er konnte sich nicht vorstellen, dass beide Eltern – leibliche und soziale – sowieso für immer zu seinem Leben gehörten. Er befand sich in einem inneren Loyalitätskonflikt. Um diesen zu lösen, benötigt er von den Adoptiveltern die Gewissheit, dass die leiblichen Eltern ein wichtiger Bestandteil von ihm sind. Ihre Adoptivelternschaft besteht unabhängig davon, ob er seine leiblichen Eltern sucht oder nicht, ob er sie findet oder nicht, für immer fort. ■

Der erste Schritt für angenommene junge Menschen, lange bevor sie sich auf die Suche machen, ist also, jene Realität in ihr Leben zu integrieren, dass sie zwei Familien haben und haben dürfen. Der nächste Schritt heißt dann, Rollen und Gefühle zu ordnen, Ansprüche und Erwartungen an ein erstes Zusammentreffen zu gewichten.

Die suchenden jungen Menschen sollten die Möglichkeit einkalkulieren, dass ihre Eltern keinen Kontakt wünschen. Hier benötigen sie fachliche Unterstützung und Informationen über die Beweggründe mancher Eltern, keinen Kontakt zu wollen: Menschen, die solch schwere Brüche im Leben hinnehmen mussten, sind häufig auch nach vielen Jahren nicht »heil«. Oft spielen Ängste und Scham, sich zu zeigen, eine Rolle, manchmal auch Scham über die Lebensumstände damals oder heute, oder die Angst, das alles nicht verkraften zu können.

Die Trennung von den Herkunftseltern lässt sich möglicherweise nie aufheben. Dem jungen Menschen sollte dann verdeutlicht werden, dass es nicht an ihm liegt, sondern an der Problemlage der Mutter, des Vaters. Dennoch werden manche junge Menschen nur schwer damit fertig, weil sie sich von ihren leiblichen Elternteilen erneut zurückgewiesen fühlen, sie benötigen viel Stärkung von ihren annehmenden Eltern. Viele Adoptierte suchen und finden jedoch leibliche Geschwister oder Onkel, Tanten, Großeltern, mit denen sie Beziehungen aufbauen können.

Wozu dient die Wiederbegegnung?

»Was immer auch der/die Suchende fand, als erfolgreich kann jede Wiedervereinigung bezeichnet werden, denn sie bringt den Adoptierten in die Realität zurück, gibt ihm den nötigen ›Boden unter die Füße‹, lässt ihn ein Stück Autonomie gewinnen, das er bis dahin vermisst hatte« (Keller-Thoma 1987, S. 29).

Im Zentrum des ersten Treffens steht die Begegnung, steht es, einander in die Augen zu sehen: Wie sieht meine Mutter, mein Vater aus? Haben wir Ähnlichkeiten? Dazu kommt der

Wunsch nach der Beantwortung der Frage aus erster Hand: »Warum habt ihr mich weggegeben?«

Es gibt zwei weit voneinander entfernte Pole der Vorstellungen, wozu ein Zusammentreffen mit der leiblichen Mutter (später auch dem Vater) dient: Auf der einen Seite befinden sich junge Menschen, die sicher an ihre annehmenden Eltern gebunden sind. Für sie dient eine Begegnung mit den leiblichen Eltern der Information, der Orientierung, der Klärung von Fragen. Manche jungen Menschen gehen davon aus, dass sie den Lebensweg ihrer Mutter oder ihres Vaters nur einmal kreuzen. Auf der anderen Seite befinden sich jene jungen Menschen, die sich von einer Begegnung erhoffen, die ganze Liebe, die sie zwanzig oder mehr Jahre von ihren leiblichen Eltern nicht bekommen haben, jetzt nachholen zu können. Zwischen diesen beiden Polen gibt es so viele Erwartungen, wie es Menschen gibt.

TIPP **Bevor junge Menschen ihren leiblichen Eltern das erste Mal begegnen, sollten sie für sich klären, wo genau sie sich zwischen diesen beiden Polen befinden und ob es sich widersprechende Gefühle gibt. Hilfreich ist es, ein »inneres Team« einzuberufen und jedem Argument, das gedacht oder gefühlt wird, Gehör zu verschaffen.**

Auch leibliche Eltern lassen sich zwischen diesen Polen einordnen. Es gibt die einen, die glauben, mit der Wiederbegegnung bekämen sie ihr Kind nach Jahren des Sehnens endlich zurück, und sie wollen ab sofort ein emotionales Eltern-Kind-Verhältnis verwirklichen. Die anderen sind sich völlig bewusst, dass sie die nicht zusammengelebten Jahre nie mehr aufholen können und dass ein Kontakt der Information, der Orientierung dient und vielleicht einer langsamen Annäherung.

Es ist nicht die Regel, dass Adoptierte in ihren verlorenen leiblichen Eltern völlig intakte Menschen finden und dass die gegenseitigen Bedürfnisse an die Begegnung übereinstimmen. Kompliziert wird es, wenn die Bedürfnisse an eine Wiederbegegnung von Mutter und Kind weit auseinanderliegen und einander widersprechen.

Die Konflikte, die zur Trennung der Lebenswege und zur Adoption geführt haben, werden manchmal erneut spürbar. Mitunter werden die jungen Menschen mit vielfältigen Krisen, Alkohol- oder Drogenproblemen, mit schwierigen Persönlichkeiten konfrontiert. Der Riss, der zu Beginn des Lebens durch die Adoption entstanden ist, lässt sich in manchen Fällen nie mehr schließen. Die Mutter oder den Vater einmal getroffen zu haben gibt vielen Adoptierten dennoch ein Stück emotionale Sicherheit. Viele lernen durch die Begegnung mit ihrer Mutter (ihrem Vater), die Fortgabe und Trennung zu verzeihen. Sie fassen neuen Lebensmut.

In Einzelfällen müssen sich suchende junge Menschen auch darauf einstellen, dass ihre leiblichen Mütter (noch häufiger Väter) zu einer Begegnung überhaupt nicht bereit sind oder für immer unauffindbar bleiben. Manche Adoptierte, die ihre Angehörigen niemals ausfindig machen können, reagieren darauf mit bleibender Trauer. Andere wieder lernen auch mit dieser Lücke, die sie als zu ihrem Schicksal als zugehörig annehmen, ein zufriedenes Leben zu gestalten.

Das erste Zusammentreffen ist zwar sehr aufregend und bewegend, viel aufregender sind jedoch die Fragen: Wie geht es jetzt weiter? Was machen wir künftig aus diesem Kontakt? Können wir eine Beziehung zueinander aufbauen? Und wie kann sie gestaltet werden?

Junge Menschen und wiedergefundene Eltern geraten mitunter nach der ersten Begegnung in ein großes Gefühlsdurcheinander. Ich habe mehr als einmal jugendliche oder erwachsene Adoptierte beraten, deren wiedergefundene leibliche Mütter mehr Nähe wollten, als die jungen Menschen erfüllen wollten oder konnten. So wollte eine Mutter mit ihrem Sohn am liebsten dreimal in der Woche telefonieren, wie mit den Kindern, die bei ihr aufgewachsen waren. Doch der junge Mensch erlaubte der Mutter nur, an einem bestimmten Tag im Monat zu einer bestimmten Uhrzeit anzurufen. Ein wiedergefundener Vater wollte seine Tochter zu der Hochzeit seiner Schwester einladen. Doch die Tochter wollte nicht die ganze Verwandtschaft ihres Vaters kennenlernen.

Gerade erwachsene Adoptierte, die sich bei ihren Adoptiveltern nicht so gut aufgehoben gefühlt haben, suchen nun bei ihren leiblichen Eltern die Harmonie, die Liebe, die Rückenstärkung, die sie vermisst haben. Doch meist sind auch die leiblichen Eltern nicht imstande, auf den jungen Menschen zuzugehen. Andere leibliche Eltern wollen ihr wiedergefundenes Kind ganz in ihr Leben aufnehmen. Sie übersehen dabei, dass ihr leibliches Kind ja schon eine Familie hat, mit der es Vertrautheit und Geschichte teilt. Es ist schwer, die richtigen Dosierungen der Annäherung herauszufinden.

Manchmal entwickelt sich zwischen leiblichen Eltern und jungen Menschen spontan eine tiefe Zuneigung. Allmählich bekommen beide Seiten eine hohe Bedeutung füreinander. Andere entfernen sich nach einer Phase der versuchten Nähe wieder voneinander. Wieder andere belassen es bei diesem einen Treffen. Dann müssen Mütter erneut auf ihr Kind verzichten, es loslassen und ihm die Erlaubnis geben, dass es sein eigenes Leben weiterführt.

Es ist für beide Seiten – leibliche Eltern und junge Menschen – beruhigend zu wissen: Es gibt die/den anderen. Wie viel Nähe sie herstellen und erhalten, ist ganz unterschiedlich. Es ist ein langer Prozess, die angemessene Dosierung der weiteren Beziehungsgestaltung herauszufinden. Zwischen ehemals getrennten jungen Menschen und ihren wieder gefundenen leiblichen Elternteilen können sich Nähe, Freundschaft, Vertrautheit und eine innige gegenseitige Teilhabe am Leben entwickeln. Und auch wenn es bei einer einzigen Begegnung bleibt: Für so manchen lohnt sich dieser Weg. Und leibliche Angehörige zu kennen gibt den meisten Adoptierten ein Stück emotionale Sicherheit für ihr weiteres Leben.

Auf meinen Seminarreisen treffe ich heute häufig auf eine neue Generation von Pflege- und Adoptiveltern. Sie haben eine wertvolle Mischung gefunden, mit ihren angenommenen Kindern dann und wann zu trauern und zugleich das Zusammenleben mit ihnen aus vollem Herzen zu genießen. Sie erkennen feinfühlig an: Sie können ihrem Kind den Kummer, von seiner Mutter und seinem Vater getrennt zu leben, zwar nicht nehmen, aber sie können für es da sein und es stärken. Die Kinder bekommen die innere Erlaubnis, dass ihnen Mutter oder Vater wichtig sein können und dass sie zugleich der Liebe ihrer annehmenden Eltern sicher sein dürfen.

Immer öfter zeigen mir Adoptiv- oder Pflegeeltern Lebensbücher oder Lebensbriefe, die sie für ihre angenommenen Kinder liebevoll und einfühlend gestaltet haben. Den Kindern wird so Selbstbewusstsein, Wertschätzung und Klarheit vermittelt.

Adoptiveltern von Kindern aus aller Welt ermöglichen ihren Kindern regelmäßige Treffen mit anderen adoptierten Kindern derselben Herkunft. Viele bereiten eine Reise in die Vergangenheit, in das Herkunftsland des Kindes vor und berichten spannend von ihren Erfahrungen.

Ich habe inzwischen viele junge Erwachsene getroffen, die durch die liebevolle Begleitung ihrer annehmenden Eltern schon früh in ihrem Innern eine Balance zwischen ihren beiden Familien herstellen konnten und die voller Lebensfreude in ihre Zukunft sehen.

Ich wünsche allen annehmenden Eltern Kraft, Mut und Zuversicht, die besonderen Herausforderungen im Zusammenleben mit den Kindern anzunehmen und zu meistern.

Anna und Martina (2008): »Darf ich Mama zu dir sagen?« Eine abgebende und eine annehmende Mutter erzählen. Eberdingen.

Armstrong, Thomas (2002): Das Märchen vom ADHS-Kind. 50 sanfte Möglichkeiten, das Verhalten Ihres Kindes zu verbessern – ohne Zwang und ohne Pharmaka. Paderborn.

Bank, Stephen P.; Kahn, Michael D. (1998): Geschwister-Bindung. München.

Berge, Prune (2005): Du bist nicht meine Mutter. München.

Biddulph, Steve (2001): Das Geheimnis glücklicher Kinder. München.

Blandow, Jürgen (2004): Pflegekinder und ihre Familien. Weinheim.

Blandow, Jürgen: Anders als die anderen ... Die Großeltern- und Verwandtenpflege. Internet: www.dji.de/pkh/blandow_verwandtenpflege.pdf.

Bongartz, Barbara (2007): Der Tote von Passy. Berlin.

Bonus, Bettina (2006): Mit den Augen eines Kindes sehen lernen. Band 1: Zur Entstehung einer Frühtraumatisierung bei Pflege- und Adoptivkindern. Norderstedt.

Braun, Anna Katharina u.a. (2005): Tierexperimentelle Befunde zu den hirnstrukturellen Folgen früher Stresserfahrungen. In: Egle, Ulrich T. u.a. (Hg.) (2005): Sexueller Missbrauch, Misshandlung, Vernachlässigung: Erkennung, Therapie und Prävention der Folgen früher Stresserfahrungen. Stuttgart, S. 44–58.

Brisch, Karl Heinz; Hellbrügge, Theodor (2006): Kinder ohne Bindung. Deprivation, Adoption und Psychotherapie. Stuttgart.

Damm, Antje (2010): Frag mich! Frankfurt am Main.

Dean, Amy (1995): Wo ist die Frau, die mich geboren hat? München.

Dornes, Martin (1994): Der kompetente Säugling. Frankfurt am Main.

Egle, Ulrich T. u.a. (Hg.) (2005): Sexueller Missbrauch, Misshandlung, Vernachlässigung: Erkennung, Therapie und Prävention der Folgen früher Stresserfahrungen. Stuttgart.

Erikson, Erik H. (1968): Kindheit und Gesellschaft. Stuttgart.

Evers, Janina (2008): Reunification im Pflegekinderwesen der USA. In: *Siegen: Sozial,* 13, 1, S. 2–5.

Fischer, Gottfried; Riedesser, Peter (2003): Lehrbuch der Psychotraumatologie. München.

Fritz-Schubert, Ernst (2012): Schulfach Glück. Wie ein neues Fach die Schule verändert. Freiburg im Breisgau.

Furman, Ben (2008): Es ist nie zu spät, eine glückliche Kindheit zu haben. Dortmund.

Furman, Ben (2011): Ich schaffs! Spielerisch und praktisch Lösungen mit Kindern finden. Heidelberg.

Goldner, Colin (1997): Psycho: Therapien zwischen Seriosität und Scharlatanerie. München.

Heim, Christine (2005): Psychobiologische Folgen früher Stresserfahrungen. In: Egle, Ulrich T. u.a. (Hg.): Sexueller Missbrauch, Misshandlung, Vernachlässigung: Erkennung, Therapie und Prävention der Folgen früher Stresserfahrungen. Stuttgart, S. 59–74.

HEINRICH, Christian (2008): Abgenabelt für immer. Welche Folgen es für Kinder hat, wenn sie früh von der Mutter getrennt werden. In: *Süddeutsche Zeitung* vom 22. Juli 2008. München.

HIRSCHHAUSEN, Eckart von (2011): Glück kommt selten allein. Reinbek.

HÜTHER, Gerald; KRENS, Inge (2011): Das Geheimnis der ersten neun Monate. Unsere frühesten Prägungen. Düsseldorf.

JAEDE, Wolfgang (2008): Kinder für die Krise stärken. Selbstvertrauen und Resilienz fördern. Freiburg im Breisgau.

JANSEN, Hanna (2003): Über tausend Hügel wandere ich mit dir. Stuttgart.

JELLOUN, Tahar Ben (2004): Papa, was ist ein Fremder? Gespräch mit meiner Tochter. Reinbek.

KASTEN, Hartmut (1998): Geschwister: Vorbilder, Rivalen, Vertraute. München, Basel.

KELLER-THOMA, Priska (1987): Adoption aus der Sicht des Adoptivkindes. Zürich.

KLEIN, Stefan (2006): Einfach glücklich. Reinbek.

Kleiner Ratgeber für Verwandtenpflegeeltern und solche, die es werden wollen. http://www.pflegekinder-berlin.de/files/verwandtenpflege_ratgeber_2011.pdf.

KRÜGER, Andreas (2007): Erste Hilfe für traumatisierte Kinder. Düsseldorf.

LATTSCHAR, Birgit; WIEMANN, Irmela (2011): Mädchen und Jungen entdecken ihre Geschichte. Grundlagen und Praxis der Biografiearbeit. Weinheim.

LAUCHT, Manfred (1999): Risiko vs. Schutzfaktor. In: OPP, Günther; FINGERLE, Michael (Hg.): Was Kinder stärkt. München, S. 303–314.

Lauveng, Arnhild (2010): Morgen bin ich ein Löwe. Wie ich die Schizophrenie besiegte. München.

Lehnst, Elke; Reuß, Heike Anne (2002): Fremdunterbringung aus der Sicht betroffener Eltern. In: Sozialpädagogisches Institut im SOS-Kinderdorf e.V. (Hg.): Glücklich an einem fremden Ort? Familienähnliche Betreuung in der Diskussion. Münster, S. 20–27.

Levine, Peter A. (1998): Trauma-Heilung. Essen.

Levine, Peter A.; Kline, Maggie (2005): Verwundete Kinderseelen heilen. Wie Kinder und Jugendliche traumatische Erlebnisse überwinden können. München.

Lifton, Betty Jean (1982): Adoption. Stuttgart.

Matêjček, Zdenêk (2006): Ehemalige Heimkinder in Adoption und Familienpflege. Erfahrungen aus der Tschechischen Republik. In: Brisch, Karl Heinz; Hellbrügge, Theodor (Hg.): Kinder ohne Bindung. Deprivation, Adoption und Psychotherapie. Stuttgart, S. 169–182.

Mattejat, Fritz; Lisofsky, Beate (Hg.) (2011): Nicht von schlechten Eltern. Kinder psychisch Kranker. Bonn.

Müller, Else (2000): Du spürst unter deinen Füßen das Gras. Autogenes Training in Phantasiereisen und Märchenreisen. Vorlesegeschichten. Frankfurt am Main.

Nolan, Han (2005): Born Blue. Hamburg.

Omer, Haim; Schlippe, Arist von (2011): Autorität ohne Gewalt. Coaching für Eltern von Kindern mit Verhaltensproblemen. Göttingen.

Portengen, Riet (2006): Öffnung des Pflegekinderwesens – Pflegekinder in Zeiten des Wandels der Sozialsysteme. Vortrag auf der Tagung »Facetten der Modernisierung: Das Pflegekinderwesen zwischen Milieu, Professionalisierung und Selbstorganisation«, am 27./28. September 2006. Siegen.

Rech-Simon, Christel; Simon, Fritz B. (2008): Survival-Tipps für Adoptiveltern. Heidelberg.

Reddemann, Luise (2007): Psychodynamisch Imaginative Traumatherapie. Stuttgart.

Reddemann, Luise (2011): Eine Reise von 1000 Meilen beginnt mit dem ersten Schritt. Seelische Kräfte entwickeln und fördern. Freiburg im Breisgau.

Redl, Fritz; Wineman, David (1978): Kinder, die hassen: Auflösung und Zusammenbruch der Selbstkontrolle. München.

Rutter, Michael (2006): Die psychischen Auswirkungen früher Heimerziehung. In: Brisch, Karl Heinz; Hellbrügge, Theodor (Hg.): Kinder ohne Bindung. Deprivation, Adoption und Psychotherapie. Stuttgart, S. 91–137.

Ryan, Tony; Walker, Rodger (2007): Wo gehöre ich hin? Biografiearbeit mit Kindern und Jugendlichen. Weinheim.

Schenk-Danzinger, Lotte (1990): Entwicklung – Sozialisation – Erziehung. Bd. 1: Von der Geburt bis zur Schulfähigkeit. Stuttgart.

Scheuerer-Englisch, Hermann (2008): Die Bedeutung des Bindungskonzepts im Bereich der Pflegekinderhilfe. Vortrag auf dem Fachkongress: Kinder in Pflegefamilien: Chancen, Risiken, Nebenwirkungen. 10./11. Dezember 2008, Bonn.

Schinkel, Anneli (2007): Seidentochter. Ein Adoptivkind aus Korea findet seine leiblichen Eltern. Bergisch Gladbach.

Schinkel, Gerd (2006): Bin ich ihr ähnlich? Adoptivtochter auf Spurensuche in Korea. Norderstedt.

Schlippe, Arist von u.a. (2008): Multikulturelle systemische Praxis. Ein Reiseführer für Beratung, Therapie und Supervision. Heidelberg.

Schmitt, Eric-Emmanuel (2011): Oskar und die Dame in Rosa. Frankfurt am Main.

Siegen: Sozial (2008): Schwerpunkt: Pflegekinderwesen,13, 1.

Swientek, Christine (2007): Ausgesetzt – verklappt – anonymisiert: Deutschlands neue Findelkinder. Burgdorf.

Thomas, Vanessa (2008): Der Pflegefamiliendienst in der deutschsprachigen Gemeinschaft Belgiens. In: *Siegen: Sozial,* 13, 1, S. 6–9.

Weinberger, Sabine (2005): Kindern spielend helfen. Weinheim.

Weiß, Wilma (2004): Philipp sucht sein Ich. Zum pädagogischen Umgang mit Traumata in den Erziehungshilfen. Weinheim.

Werner, Emmy; Smith, Ruth (1992): Overcoming the Odds: High Risk Children from Birth to Adulthood. Ithaca, New York.

Wiemann, Irmela (2006): Ratgeber Adoptivkinder. Erfahrungen, Hilfen, Perspektiven. Reinbek.

Wiemann, Irmela (2007): Biografiearbeit mit Kindern ausländischer Herkunft. In: Ryan, Tony; Walker, Rodger: Wo gehöre ich hin? Biografiearbeit mit Kindern und Jugendlichen. Weinheim. S. 135–141.

Wiemann, Irmela (2008): Ratgeber Pflegekinder. Erfahrungen, Hilfen, Perspektiven. Reinbek.

Wiemann, Irmela (2011): Wie viel Wahrheit braucht mein Kind? Von kleinen Lügen, großen Lasten und dem Mut zur Aufrichtigkeit in der Familie. Reinbek.

WILSON, Jacqueline (2003): Die unglaubliche Geschichte der Tracy Baker. Hamburg.

WILSON, Jacqueline (2006): Tracy Baker ist unschlagbar. Ravensburg.

WILSON, Jacqueline (2007 a): Bühne frei für Tracy Baker. Hamburg.

WILSON, Jacqueline (2007 b): Das Mädchen aus der Tonne. Ravensburg.

ZATTI, Kathrin B. (1999): Vorwort. In: *Netz*, 2, S. 3.

GabrieleMatuszczyk, Jürgen Wolf, Uwe Britten:
Der Elterncoach
Aus der Online-Beratung mit Jugendlichen
272 Seiten, 17,95 Euro
ISBN 978-3-86739-054-5

»Der Elterncoach« ist ein Buch, das direkt an den Erfahrungen, Erlebnissen der Heranwachsenden ansetzt und die Ergebnisse aus der Onlineberatung nutzt, um ein Verstehen zwischen der Eltern- und der Jugendlichengeneration zu ermöglichen. Die Jugendlichen werden als Experten beachtet und genutzt, sie, die am Besten wissen, was in ihnen vorgeht und wo sie sich nicht verstanden fühlen. Gerade die Auswertung der Forenbeiträge der Bundeskonferenz für Erziehungsberatung (bke), in denen sich Eltern und Jugendliche austauschen können, sind ein wertvoller Fundus an Informationen und bereiten den Weg zum besseren gegenseitigen Verstehen zwischen den Generationen.
socialnet

Heidi Kuttler, Franz Schmider
Filmriss, Koma, Suchtgefahren?
Wie Eltern ihr Kind schützen können
200 Seiten, 14,95 Euro
978-3-86739-062-0

Dieses Buch versorgt Eltern mit klugen Strategien für den Umgang mit dem Alkoholkonsum ihrer jugendlichen Kinder. (...) Um exzessivem »Komasaufen« oder Alkoholismus vorzubeugen, sollte man dem Nachwuchs vor allem Interesse und Vertrauen entgegenbringen und ihm (nicht nur im Umgang mit Alkohol) als Vorbild dienen. Welche Haltung und Maßnahmen Suchtberater in verschiedenen Fällen empfehlen, führen die Autoren anhand von Beispielgesprächen mit Jugendlichen und ihren Eltern vor. Ein sehr differenzierter und zugleich alltagsnaher Ratgeber, der vor allem durch seine klare Sprache und viele konkrete Vorschläge besticht.
Gehirn& Geist

BALANCE **buch + medien verlag**
Thomas-Mann-Str. 49 a · 53111 Bonn · Telefon 0228 / 72534-26
www.balance-verlag.de · mail: info@balance-verlag.de